V&R

Philosophie und Psychologie im Dialog

Herausgegeben von
Christoph Hubig und Gerd Jüttemann

Band 6: Christoph Hubig / Heiner Rindermann
Bildung und Kompetenz

Christoph Hubig / Heiner Rindermann

Bildung und Kompetenz

Mit 7 Abbildungen

April 15

Ein (wahrscheinlich) spannendes Buch, über Weltansichten zu staunen

Happy Birthday
Deine Susi

Vandenhoeck & Ruprecht

Bibliografische Information der Deutschen Nationalbibliothek

Die Deutsche Nationalbibliothek verzeichnet diese Publikation in der Deutschen Nationalbibliografie; detaillierte bibliografische Daten sind im Internet über http://dnb.d-nb.de abrufbar.

ISBN 978-3-525-45175-5

Satz: SchwabScantechnik, Göttingen
Druck und Bindung: ⊛ Hubert & Co, Göttingen

Inhalt

Christoph Hubig

Bildung und Kompetenz

Einleitung: Bildung, Wissen und Kompetenz

Leitmotive im Ausgang von Albert Einstein

»Dem Bildungswesen droht stets eine eigentümliche Gefahr der Loslösung von der Welt des sinnlichen Erlebens. Jede Bildung schafft eine Welt von Begriffen. Diese sind bei ihrer Entstehung eng verbunden mit den Realitäten, zu deren übersichtlichen Erfassung sie gebildet sind. Aber es haftet dem sprachlich fixierten Begriff eine Tendenz der Verallgemeinerung an, die einerseits sein Anwendungsgebiet erweitert, andererseits seine Verbindung mit dem sinnlichen Erleben schwächt. So sehen wir insbesondere in Zeiten alternder Kultur die Begriffe leer und formal werden, den Zusammenhang mit dem sinnlich Erlebten verlieren. Wer sollte leugnen, dass die Gymnasien, bei denen der Schwerpunkt des Interesses auf das Sprachliche gerichtet ist, dieser Gefahr in besonders hohem Maße ausgesetzt sind? Aber auch die Pflege der von Anwendungen losgelöster Mathematik bringt die gleiche Gefahr: konnten doch die Geometer im Laufe der Jahrhunderte vergessen, dass ihre Wissenschaft letzten Endes von steten Körpern und Lichtstrahlen handelt; der Geometer, der dies grundsätzlich leugnet, degradiert seine Wissenschaft zu einem inhaltsleeren Wortspiel. Wissenschaft kann nur dann gesund und fördernd bleiben, wenn ihr Zusammenhang mit der Welt des sinnlichen Erlebens aufrecht erhalten wird, wie indirekt dieser Zusammenhang auch sein mag. Die Beschäftigung mit der Technik ist in hohem Maße geeignet, einer Degeneration der Wissenschaft in dem angedeuteten Sinn entgegenzuwirken. [Es] gilt, die Technik zu einem echten Kulturfaktor zu machen, indem

> man ihren reichen geistigen und ästhetischen Gehalt dem allgemeinen Bewusstsein näher bringt.«

So Albert Einstein in einem Brief aus dem Jahre 1919 an die »Freie Vereinigung für technische Volksbildung« in Berlin (abgedruckt in: VDI-N, Nr. 12, 8). Dieser Brief weist eine Reihe von Aspekten auf, denen ich in den nachfolgenden Überlegungen weiter nachgehen werde. Zunächst finden wir eine Einschätzung des Bezugs seiner Theorien zur Erfahrungswelt. Hierzu gibt es einerseits eine ganze Reihe von flankierenden Äußerungen, etwa: »Es ist überhaupt einer der wesentlichen Züge der Relativitätstheorie, dass sie bemüht ist, die Beziehungen der allgemeinen Begriffe zu den erlebbaren Tatsachen schärfer herauszuarbeiten« (wurde in die Aphorismensammlung zum Einstein-Jahr aufgenommen: www.einsteinjahr.de/index.php?id = 64). Oder: »Alle Wissenschaft ist nur eine Verfeinerung des Denkens des Alltags« (Einstein, 1936, S. 313). Andererseits scheint sich Einstein über die Art des Bezugs zur Erfahrungswelt wohl doch nicht so sicher. So schreibt er 1942 im Vorwort zu der von ihm autorisierten Einstein-Biographie von Philipp Frank:

> »Mir selbst war es stets unverständlich, warum die Relativitätstheorie mit ihren dem praktischen Leben so entfernten Begriffen und Problemstellungen in den breitesten Schichten der Bevölkerung für eine lange Zeit eine so lebhafte, ja leidenschaftliche Resonanz gefunden hat. So etwas hat sich seit den Zeiten Galileos kaum ereignet. Während aber dort die durch die Kirche sanktionierte Auffassung der Stellung des Menschen im Kosmos erschüttert wurde […], handelt es sich bei der Relativitätstheorie um einen Versuch der Läuterung der physikalischen Grundbegriffe und um eine logische Vervollkommnung des Systems der Hypothesen, die dieser Wissenschaft zugrunde liegen. Was konnte hier die große und nachhaltige psychische Wirkung veranlassen?« (Frank, 1979, S. II).

Philosophiehistorisch sensibilisierte Leserinnen und Leser mögen aber die Andeutung einer Antwort hierauf aus einer anderen Passage jenes Briefes entnehmen. Denn was Einstein dort über die Welt der Begriffe als Resultat von Bildung schreibt, erinnert sehr stark an Friedrich Nietzsches »Über Wahrheit und Lüge im außermoralischen Sinn«. Und in der Tat hatte Einstein bekundet, dass er gerne unter anderem Nietzsche las und zwar »zur ›Erbauung‹, so wie andere in der Kirche einer Predigt zuhören« (Frank, 1979, S. 90). Nietzsche hatte ja die Begriffsbildung auf eine dreifache Metaphorisierung zurückgeführt, die Übertragung von Nervenreizen in Bilder, der Bilder in Laute, der Laute in Begriffe. Drei Übertragungen von jeweils einem Medium ins andere (wobei Metapher ja selbst eine Metapher ist) veranlassten Nietzsche, Wahrheit – ihrerseits metaphorisch – als bewegliches Heer von Metaphern zu bezeichnen, also unter pragmatische Direktiven zu stellen. Dem scheint wiederum Einstein beizustimmen, wenn er schreibt: »Man muss die Welt nicht verstehen – man muss sich lediglich in ihr zurechtfinden können« (die am häufigsten im www aufgeführte Äußerung Einsteins, z. B. rappinet.de/index.htm?/zitate/a_einstein.htm). Und in diesem Sinne schien er auch Hume zu lesen, dessen Kausalitätskonzept und dessen Induktionskritik in ihrer Ersetzung von »Notwendigkeit« durch »Regelmäßigkeit« und ihrer Betonung der Habits des Umgangs mit Erfahrung er sorgfältig aufnahm, und hier den Freiraum für die »Vervollkommnung des Systems der Hypothesen« sah, in Übereinstimmung mit der, wie er sie nannte, »positivistischen *Forderung*« Ernst Machs. Zugleich wies er jedoch die sogenannte »positivistische *Philosophie*« desselben zurück, weil sie allgemeine physikalische Sätze als Zusammenfassung von Erfahrung begriff, während Einstein Erfahrungen nur die Funktion der Kontrolle des vom menschlichen Geist Erfundenen zubilligte (Frank, 1979, S. 91 f.). Verfolgen wir nun unter diesen Leitmotiven die Bildungsproblematik weiter.

Land der Bildung?

In seinem umfangreichen und weitverbreiteten Werk »Bildung. Alles was man wissen muss« zeigte uns 1999 Dietrich Schwanitz, wie wir das »Bürgerrecht im Land der Bildung« erwerben können, und er stattet uns mit dem »ganzen Marschgepäck aus, das man Bildung nennt« – so seine Formulierungen im Vorwort. Er will dasjenige Wissen als »Bildungsstoff« rehabilitieren, aus dem wir etwas über uns erfahren, welches unser Selbstverständnis prägt und unsere Urteilsfähigkeit begründet (Schwanitz, 2002, S. 544 ff.).

Neben dem enzyklopädischen Hauptteil »Wissen« findet sich ein weiteres Kapitel über »Können«. Hier geht es um die Fähigkeit »bei der Konversation mit kultivierten Leuten mitzuhalten«, »Mitglied der Glaubensgemeinschaft Bildung« zu sein, sich »im Haus der Sprache auszukennen«, sich »in der Welt der Bücher zu bewegen«, »Nationalkulturen zu unterscheiden« und schließlich »das eigene Wissen einzuordnen«. Erst dann sei man letztlich gebildet. Neben dem Bildungsstoff wird also hier unter dem Titel »Können« dasjenige Wissen vermittelt, welches uns dazu verhilft, jenen Bildungsstoff zu erwerben und mit ihm umzugehen. Bildung, so wird hier suggeriert, beruhe letztlich auf einem bestimmten Typ Wissen. Ziel der Bildung sei Reflexion und Genuss (so auch Manfred Fuhrmann in seinem prominenten Essay; Fuhrmann, 2002) und beides scheint einer Beschäftigung mit naturwissenschaftlich-technischen Fragestellungen versagt. Abgesehen davon, dass Einstein nicht müde wird, Freude und Genuss im Zuge seiner Arbeit hervorzuheben:

> »Die Triebfeder wissenschaftlichen Denkens ist […] die Freude am Denken. Wenn ich kein Problem zum Nachdenken habe, dann leite ich mit Vorliebe mathematische und physikalische Sätze wieder ab, die mir längst bekannt sind. Hier ist also […] die Gelegenheit, um sich der angenehmen Thätigkeit des Denkens hinzugeben« (Einstein, 1930, zit. nach Fischer, 2005, S. 10).

Abgesehen auch hiervon werden wir finden, dass beides, Reflexion und Freude – freilich in einem ganz anderen Sinne – das Bildungskonzept in seinen historischen Anfängen prägte, worauf ich später zurückkommen werde: Reflexion nicht als Wiedererkennung des Eigenen/der Identität und Genuss nicht in der Betrachtung, sondern im Zuge des Arbeitens.

Naturwissenschaftliches oder technisches Wissen wird bei Schwanitz nur am Rande erwähnt, quasi entschuldigend. »So bedauerlich es erscheinen mag: Naturwissenschaftliche Kenntnisse müssen zwar nicht versteckt werden, aber zur Bildung gehören sie nicht« (Schwanitz, 2002, S. 664). Das gilt wohl auch für Schwanitz selbst, wenn er – Kostprobe – schreibt: »Lockes Freund Isaac Newton hatte die gleichförmige Bewegung mit der Entdeckung der Gravitation zum neuen Ideal der Naturordnung erhoben (so wie später Einstein die Lichtgeschwindigkeit)« (Schwanitz, 2002, S. 462). Wenn er auch meint, dass »Bildungswissen aus Kenntnissen besteht, nach denen man nicht fragen darf« (S. 546), so ist doch hier die Frage berechtigt, ob die Entdeckung der Gravitation nicht eher mit der Beschleunigung in Verbindung zu bringen wäre als mit der gleichförmigen Bewegung. Es gilt hier wohl Einsteins Diktum »Sollen sich auch alle schämen, die gedankenlos sich der Wunder der Wissenschaft und Technik bedienen und nicht mehr davon geistig erfasst haben als die Kuh von der Botanik der Pflanzen, die sie mit Wohlbehagen frißt« (Einstein, 1930, zit. nach Fischer, 2005, S. 10).

Ist bei Schwanitz überhaupt dasjenige erreicht, was wir – sowie auch und gerade die Tradition – unter Bildung verstehen? Ist hier nicht vielmehr ein sehr enges Konzept von Bildung verknüpft mit einem noch engeren Konzept von Wissen? Gehören nicht zu unserem Selbstverständnis eines Lebens in einer technischen Zivilisation Kenntnisse über die Hauptsätze der Thermodynamik, über Informationstheorie, Kybernetik, Ökologie und Wirtschaftstheorie? Und muss nicht Bildung insgesamt mehr als ein bloßes Verfügung über einen bestimmten Typ von Wissen sein? Erst recht, wenn unser Wissen insbesondere im naturwissenschaftlich-technischen Bereich immer kurzlebiger wird und jedes Jahr aufs Neue ein Fünftel des Wissensbestandes als überholt gelten muss (laut Institut für System- und Innovationsanalyse/ISI Karlsruhe, siehe Grupp, 1997, S. 164)? Selbst wenn dieser Durchschnittswert nichts über Qualitäten einzelner Wissensbestände aussagt, verweist er doch auf eine Notwendigkeit, mit der wir uns genauer auseinander zu setzen haben: *Fähigkeiten* zu entwickeln, mit Wissensbeständen *umzugehen,* die sich schnell verändern, die untereinander konkurrieren und uns überdies in einer kaum noch zu überschauenden Überfülle angeboten werden.

Auf die Herausbildung solcher und anderer Fähigkeiten hebt ein relativ neuer Schlüsselbegriff in der Bildungsdebatte ab, nämlich: Kompetenz. Das Bildungswesen soll kompetente Personen hervorbringen, Menschen, die befähigt sind, in Beruf und Alltag die anstehenden Probleme zu lösen. Kompetenzvermittlung ist Gegenstand zahlreicher Forderungskataloge, Leitbild für Bildungs- und Weiterbildungsmaßnahmen, Schlüsselbegriff für Ausschreibungen und Bewerbungen. Ist Kompetenz eine Ablösekategorie für den verstaubten Bildungsbegriff und den problematisch gewordenen Wissensbegriff? Folgen wir doch zunächst einmal dem Appell der bürgerlichen Bildungsverfechter selbst und schauen in die Tradition.

Historische Wurzeln der Bildungsdiskussion

Ein neues Wissens- und Bildungsideal

In der Renaissance und dem Humanismus, an der Schwelle zu unserer Moderne, finden wir eine breite Diskussion zum Thema Wissen und Bildung. Ihre Wortführer wandten sich gegen Wissenskonzepte, wie sie den spätmittelalterlichen Lehrbetrieb an Lateinschulen und Universitäten prägten. Wissen wurde dort präsentiert als System von Lehrsätzen und deren Begründungen, in denen die Ordnung der Welt in ihren verschiedenen Bereichen dargestellt wurde. Dass solche Ordnungen in unterschiedlicher Weise entworfen werden können, führte am Ende dieser Epoche zu Kuriositäten, die zum Gespött der Humanisten wurden: An den Universitäten in Heidelberg oder Köln beispielsweise konnte man als angehender Magister wählen, nach welchem System man seine Prüfung und die damit zusammenhängende Disputation vollziehen wollte. Die großen Schulen standen nebeneinander: die Systeme der Albertisten, Thomisten, Scotisten und Occamisten. Wir brauchen uns an dieser Stelle nicht näher mit diesen Systemen zu beschäftigten. Es genügt der Verweis auf diese missliche Situation, die für die Denker der Epoche, Giordano Bruno, Thomas Morus, Erasmus von Rotterdam und viele andere, zur Provokation wurde. Aber nicht *eine* gesicherte neue Lösungsstrategie zeichnete sich ab, sondern eine Ambivalenz, die für uns heute noch interessant ist. Ich möchte sie erläutern im Blick auf zwei seinerzeit höchst prominente sinnbildliche Darstellungen – Allegorien – zum Thema Wissen und Bildung (vgl. Hubig, 1984, S. 31–67).

Die erste Darstellung (Abbildung 1) findet sich in einer weit verbreiteten und in zahlreichen Auflagen erschienenen wissenschaftlichen Enzyklopädie aus dem Jahr 1503, den Margarita Philosophica des gelehrten Kartäusermönches Gregor Reisch. Sie stellt den vernünftigen, rationalen Menschen als Jäger dar, der einem Problem nachstellt, welches durch einen flüchtenden Hasen versinnbildlicht ist. Sein Wissen ist als Ausstattung mit *Instrumenten,* den Jagdwerkzeugen, dargestellt: Die Pfeile, die Argumenta, schießt er ab von seinem Bogen, der als Quaestio, als richtige Fragestellung, tituliert ist. Die Pfeile zieht der Jäger aus seinem Köcher, dem Reservoir der Argumentationsstrategien. Das Schwert des Schlussfolgerns hängt an seinem Gürtel, und mittels seines Jagdhorns, das seine Sprachfähigkeit versinnbildlicht, verständigt er sich mit seinen Jagdgenossen. Am interessantesten aber sind die beiden Hunde, die ihn bei der Jagd unterstützen: Der eine, bezeichnet als Wahrheit, ist ein springender Hund, der bald das Problem erreicht haben wird. Der Hund mit dem Namen Falschheit hingegen ist ein lahmender, müder Köter, zur Jagd untauglich. Wahrheit und Falschheit sind also nicht unterschieden nach Maßgabe einer Abbildung der Welt, der Ordnung, der Schöpfung. Vielmehr unterschieden sie sich in ihrer Fähigkeit, das Problem zu erreichen, modern ausgedrückt, in ihrer Problemlösekapazität. Diese Pointe, verbunden mit dem Gestus des Aufbruchs und Voranschreitens, wie er im Bild erscheint, wird bestärkt durch kontrastierende polemische Elemente in diesem Holzschnitt: So sitzt Parmenides, der Philosoph einer Ordnung der Welt, die sich der Wahrnehmung verbirgt, mit vergrätztem Gesicht bedeutungslos und klein in der Bildecke, und die großen Systeme mittelalterlichen Wissens erscheinen als Wald von *Meinungen,* silva opinionum, in dessen Dickicht der Hase zu entkommen sucht. Bloße Meinung – das ist das härteste Verdikt, unter dem man einen Wissensanspruch abqualifizieren kann. Echtes Wissen wird qualifiziert nach Maßgabe der Problemlösefähigkeit. Eine neue, undogmatisch pragmatische Ausrichtung des Wissens wird hier verkündet, eines Wissens, das durch »vexatio artis«, Verzerrung, Folter der Natur durch experimentelle Technik entsteht, wie Francis Bacon herausstellte (Bacon, 1963, S. 13).

Aber dieses Selbstermächtigungskonzept, unter dem das neue Wissen in der Moderne begründet wird, bleibt nicht ohne Kehrseite. Sie findet ihre Darstellung in dem berühmten Kupferstich Albrecht Dürers, der Melencolia (Abbildung 2). Beide Darstellungen verhalten sich zueinander wie heutzutage die Strömungen

Abbildung 1: Typus Logice (aus: Gregor Reisch, Margarita Philosophica. Schott: Freiburg, 1503)

eines Wissens- und Technikoptimismus auf der einen Seite und diejenige eines Skeptizismus und Pessimismus auf der anderen.

Gezeigt wird hier ebenfalls der Typ des modernen Subjekts in Gestalt einer Wissenschaftlerin und Technikerin, wie sie in Personalunion das damalige Tätigkeitsprofil der großen Naturforscher ausmachten. Die Forscherin, ausgestattet mit den Instrumenten und Insignien der Naturwissenschaften und der Technik, mit Waage, Zirkel, Uhr und dem Polyeder sowie vielem anderen mehr, sitzt untätig, missgrimmig verweilend da und starrt auf den Mond. Dieser galt in der damaligen Symbolsprache als das nasse Gestirn, zugehörig zur Sphäre des Saturns, des Gottes des goldenen Zeitalters einer ursprünglichen Natur, der von Jupiter, dem Gott der

Abbildung 2: Albrecht Dürer, »Die Melancholie« (Melencolia I), 1514, Kupferstich

Rationalität, entmachtet und verbannt worden ist. Diese ursprüngliche und unmittelbare Natur wird als eine betrachtet, die sich dem menschlichen Zugriff entzieht, weil die menschliche Vernunft nach Maßgabe ihrer eigenen Strategien, Instrumente, Logik und Rationalität die Welt gestaltet und beherrscht. Gleichwohl bleibt diese erste Natur aber Quell des Lebens. Angesichts unseres distanzierten, durch Jupiter-Rationalität geprägten Naturverhältnisses aber kann und muss diese ursprüngliche Natur bedrohlich werden. Die Rache des Saturns ist zu fürchten, eine Rache, die sich dort bemerkbar macht, wo wir die Kräfte dieser Natur in unseren rationalen Systemen nicht erreichen und wo diese Natur uns ihre Ressourcen verweigert. Dies wird ebenfalls in kaum zu überbietender Deutlichkeit in jener Allegorie angeführt (siehe Panofsky, 1977, S. 23). Die Forscherin leidet an Austrocknung – in der damaligen Medizin als Symptom der Melencholia erachtet – und sie sucht dieser Austrocknung zu begegnen, indem sie ihr Haupt mit Wasserhahnenfuß und Wasserkresse bekränzt. Ihr umschattetes Gesicht zeugt von den Selbstzweifeln und der Einsicht in die Begrenztheit ihres Tuns, einem Selbstzweifel, der die Genies in den Wahnsinn treiben kann. Auf dem schmalen Grad zum Wahnsinn zu wandeln, wie es explizit der Melencholiker Marcilio Ficino formuliert hat, war die Einsicht, die in vielen Äußerungen der großen Genies, Naturforscher und Künstler der damaligen Zeit durchscheint. Leonardo da Vinci, Leon Battista Alberti und viele andere bezeichneten sich entsprechend als Melencholiker, ein Gestus, der damals zur Mode bei denjenigen wurde, die als Intellektuelle gelten wollten und auch der heutzutage noch anzutreffen ist. Und diese Melencholiker trugen Schutzamulette mit sich, und zwar das Zahlenquadrat des Zeus als Sinnbild mathematischer Rationalität, wie es an prominenter Stelle auch im Bild erscheint – zur Abwehr der Gefahren einer verlustig gegangenen Natur. Die Ambivalenz des Fortschritts und seiner Begrenzung findet hier an der Wurzel unseres neuzeitlichen Wissensverständnisses ihren sinnbildlichen Ausdruck.

Aber dieses ambivalente Konzept von Wissen und Wissenschaft war nicht das alleinige Leitbild des humanistischen Aufbruchs in die Moderne. Denn zu einem solchen Aufbruch muss dieses Subjekt allererst *befähigt* werden. Eine Erziehung, die diese schlummernden Fähigkeiten weckt, hat dabei einen doppelten Anspruch, der sich sehr genau beziehen lässt auf die anfangs aufgezeigte Ambivalenz. Denn zum einen müssen die Fähigkeiten erweckt und perfektioniert werden, die für jene Selbstermächtigung des Subjekts vorauszusetzen sind. Wenn der Mensch nicht mehr in einer Ordnung der Schöpfung steht, sondern sich seinen Platz selbst erarbeiten muss, wie Pico della Mirandola in seinem Traktat über die Würde des Menschen formuliert, dann trägt nicht mehr das Erlernen irgendwelcher

Ordnungsstrukturen hierzu bei, sondern nur eine Entwicklung derjenigen Fähigkeiten, die uns in die Lage versetzen, uns diese Stellung zu erarbeiten. Zum anderen fallen diese Fähigkeiten, die entwickelt werden sollen, nicht vom Himmel. Sie müssen in der Natur des Menschen vorfindlich sein. Sie müssen gesucht und können gefunden werden. Und gerade hier treffen wir doch noch ein Stück Natur an, zwar nicht in manifester Gestalt, nicht in einer ausgeprägten Form, sondern in einer *Anlage,* die die Natur zur Formung bereit hält. Nicht mehr die Einordnung, die Teilnahme und Teilhabe an einer *Ordnung* der Schöpfung ist die Basis für das Selbstverständnis des Menschen – denn diese Teilhabe ist endgültig verloren –, sondern die Teilhabe an *Fähigkeiten,* die denjenigen der Natur gleich oder zumindest ähnlich sind. Sie setzen den Menschen in einen Status, der von manchen als derjenige eines zweiten Gottes, eines alter deus, beschrieben wurde – ein Stück Schöpferkraft der Natur im Kleinen, verkörpert im Menschen. Von hier aus ließe sich der Melencholia entgegenwirken, die zwar der Naturordnung nachtrauert, aber sich nicht darüber vergewissert hat, dass sie selbst immer noch einen Keim der Natur beherbergt. Um diesen Keim zu aktivieren, verfochten die Humanisten und ihre Nachfolger ein Bildungsideal, welches sich deutlich von der bloßen Wissensvermittlung absetzt. Der deutsche Terminus »Bildung« wurde wahrscheinlich von Meister Eckhart geprägt und hat seine Wurzel in der spätmittelalterlichen Mystik. In Aufnahme der Imago-Dei-Vorstellung wird Bildung als Prozess gefasst – wie auch bei Paracelsus –, durch den das Individuum wieder »eingebildet« wird in die Gottheit als Schöpfer. Dessen Schöpfertum hat Vorbildcharakter als »bildender Wille Gottes« (Jacob Böhme, 1942/2, S. 222). Diese herauszubildende Fähigkeit wird von den Mystikern als Alternative gegenüber der scholastisch erstarrten Gelehrsamkeit angeführt, der Lehre der Schulen und Kirchen. (Als pädagogischer Terminus freilich fand er erst Ende des 18. Jahrhunderts Verbreitung, vgl. Lichtenstein, 1971, S. 922.)

Bildung im Humanismus

Für die Humanisten sollte das Programm einer Bildung insbesondere an den Vorbildern der klassischen Antike das Machen und

Gestalten, das Herausbilden sittlich gerechtfertigter Werke, vom Kunstwerk bis zu Technik, Wissenschaften und Politik leiten. Der Modus dieser Bildung war nicht die Weitergabe von Wissen und ein damit verbundenes Lernen, sondern ein Üben, geschult an den Vorbildern. Dabei kommt es nicht darauf an, die Werke in ihrer spezifischen Gestalt und Aussage zu wiederholen, sondern in dieser Übung das Werken und Bilden selbst sich anzueignen. Leon Battista Albertis Programm klingt, paraphrasiert von Eugenio Garin, so:

> »Um erziehen zu können, muss man sich über die Anlagen, über die eigene Natur jeden Kindes klar werden, und man muss den Weg finden, um dieser Natur nachzugehen und sie zu leiten [...]. In jedem Menschen liegt ein Verstand oder richtiger, liegen unzählige Möglichkeiten, die ihm wie verborgene Samenkörner angeboren sind. Diese muss der Bildende ermitteln und dann zur Entfaltung bringen« (Garin, 1966, S. 44).

Entsprechend äußerte sich der humanistische Reformator und Philosoph Phillip Melanchthon. »Sie sind Samen der einzelnen Künste, die [...] in uns gelegt sind. Die studia humanitatis besitzen die wunderbare Gabe, die Kenntnisse aus der Tiefe unserer Persönlichkeit hervorbrechen zu lassen wie die Funken aus dem Stein sprühen, wenn man ihn schlägt« (Erotemata dialectices, übers. von Garin, 1967, S. 12). Die Heraklit zugeschriebene – dort freilich nicht dokumentierte – und vielfach zitierte Wendung »Bildung bedeutet nicht, Fässer zu füllen, sondern Fackeln zu entzünden« drückt dieses Leitbild aus. Bei Heraklit ist von Bildung als »zweiter Sonne« die Rede (Diels u. Kranz, 1971, B 134), ansonsten tendiert er eher zur Gleichsetzung von Bildung mit Erfahrung (B 55) und kritisiert die Vielwisserei (B 40/41).

Wir finden hier eine Denkfigur, auf die wir gleich noch einmal zurückkommen werden. Etwas, was als bloße Möglichkeit, als Samen, als Potenzial angelegt ist, soll durch bestimmte Maßnahmen in bestimmte Erscheinungen überführt werden. Erscheinungen, die in Bildern und Metaphern der Kraft dargestellt sind, also eines Könnens: Funken aus dem Stein, Pflanzen aus dem Samen. Um dies zu bewirken, sind bestimmte Bildungsmaßnahmen erforderlich, die aber auf alles andere hinauslaufen als auf Vermittlung, Vorführung, Darstellung von *Wissen,* welches ja selber eine Darstellung von Sachverhalten ist. Der berühmte Pädagoge Johann Amos Comenius hat hierzu die Richtung vorgegeben:

> »Den komplizierten Beschreibungen gelingt es schwerlich, dem Geist eine Vorstellung von den Dingen einzuprägen, die deshalb nur schwach im Gedächtnis haften und leicht schwinden oder sich verwischen. Dem kann man abhelfen, indem man alles durch Autopsia darstellt, d. h. es sich im Handeln den Sinnen direkt vorführt« (Comenius, Pansophiae prodromus 1689, übers. von Garin, 1967, S. 35).

Autopsia – sich selbst handelnd etwas sichtbar machen, erschließen, erarbeiten, einüben. Dadurch wird derjenige Effekt vermieden, den auch heutzutage mancher Lehrer und manche Lehrerin beklagen mag, und den Montaigne, der scharfsinnige Zeitdiagnostiker jener Epoche, so schön auf den Begriff gebracht hat:

> »Wie es aber zugehe, dass eine mit den Kenntnissen von so vielen Dingen bereicherte Seele nicht lebendiger, nicht tätiger werde und dass ein plumper Geist die Gedanken und Urteile der vortrefflichsten Köpfe, welche die Welt hervorgebracht hat, lernen könne, ohne sich zu *bilden,* das begreife ich jetzt noch nicht« (Montaigne, 1962, S. 142; Übersetzung und Hervorhebung C. H.).

Das ist genau der Tenor des einleitenden Briefes von Einstein, und ein weiteres wird nun wohl deutlich: die Verbindung des Aspekts einer Bildung durch Arbeit mit dem Aspekt, die Entleerung, das Absterben von Begriffen zu verhindern einerseits, die Verbindung einer Bildung durch Arbeit mit dem Aspekt, aus der lebensweltlichen Überraschung den Anstoß für das Erkennen als Metaphorisierung zu gewinnen andererseits. Hierzu passt die bekannte Anekdote Einsteins:

> »Es ist mir nicht zweifelhaft, dass unser Denken zum größten Teil ohne Verwendung von Zeichen (Worte) vor sich geht und dazu noch unbewusst. Denn wie sollten wir sonst manchmal dazu kommen, uns über ein Erlebnis zu ›wundern‹? […] Ein Wunder solcher Art erlebte ich als Kind von 4 oder 5 Jahren, als mir mein Vater einen Kompass zeigte. Dass diese Nadel in so bestimmter Weise sich benahm, paßte so gar nicht in

> die Art des Geschehens hinein, die in der unbewußten Begriffswelt Platz finden konnte. […] Da mußte etwas hinter den Dingen sein, das tief verborgen war« (Einstein in Schilpp, 1949, zit. nach Fischer, 2005, S. 15f.).

Ob dieser Zweifel sich nicht auch an das Kompendium »Bildung. Alles was man wissen muss« von Dietrich Schwanitz richten sollte? Werden wir denn, versorgt mit soviel Wissensstoff, wirklich gebildet? Montaigne würde dies jedenfalls abstreiten. Fragen wir also etwas genauer, was Wissen von Bildung unterscheidet und wie beide zusammenhängen.

Wissen

Was ist Wissen? Wir können an dieser Stelle nicht die komplexe abendländische Tradition um den Wissensbegriff rekapitulieren. Sie nahm ihren Ausgang von der klassischen Definition, die in Platons Dialog »Theaitetos« verhandelt wird und für alle weiteren Überlegungen wegweisend wurde. Hiernach ist Wissen eine wahre gerechtfertigte Überzeugung. Ein Wissender S weiß einen Sachverhalt p genau dann, wenn p der Fall ist, wenn S glaubt, dass p der Fall ist und wenn S gute Gründe dafür hat, dies zu glauben. So gefasst, ist Wissen propositional: Es verknüpft drei Positionen/Aussagen über Sachverhalte. Es ist explizit, weil sein Status die Angabe von Gründen zur Rechtfertigung des Wissensanspruches einschließt und hierauf die Mitteilbarkeit des Wissens als Wissen beruht. Für dieses propositionale, in Repräsentationen fixierte Wissen nun lassen sich Probleme mit Blick auf die Begründung der Begründungsinstanzen dieses Wissens formulieren sowie ferner Paradoxien anführen, die ihren Grund in der logischen Verknüpfbarkeit von Propositionen haben und zu Ergebnissen führen, die der Intuition widersprechen, die wir mit dem Begriff Wissen verbinden (Gettier, 1963): Es lassen sich Fälle konstruieren, in denen die begründete Aussage – relativ zum Kontext – nur zufällig wahr ist. Aus beiden Problemlagen heraus führen Linien hin zu einem pragmatischen Konzept des Wissens, welches uns wiederum zum Konzept der Bildung führen wird.

Wahrheitsgarantierende Gründe

Betrachten wir zunächst die wahrheitsgarantierenden Gründe für ein Wissen, welches, gemäß unseren Intuitionen, nicht ein zufälliges Resultat (z. B. eines richtigen Ratens) sein kann, ex negativo:

Der Wissensskeptizismus setzt gerade an diesen wahrheitsgarantierenden Gründen an und behauptet deren Unmöglichkeit. Unter anderem bezieht er sich auf die uns allen vertrauteste Art der Begründung von Wahrheit, nämlich den Verweis auf die Wahrnehmung, dass ein p sich so und so verhält. Dabei gelangt man aber nun entweder in einen Begründungsregress, und zwar deshalb, weil die Behauptung über die Richtigkeit der Wahrnehmung ihrerseits begründungsbedürftig ist. Oder man gerät in einen Begründungszirkel, der darin liegt, dass, dass ein p als wahrgenommen erachtet wurde, bereits den Glauben, dass ein p vorliegt, voraussetzt. Denn sonst müsste man ja behaupten, etwas anderes wahrgenommen zu haben. Wahrnehmung als der einfachste Grund einer Rechtfertigung der Proposition als wahr scheint dann die Möglichkeit wahrheitsgarantierender Gründe überhaupt in Frage zu stellen. Darauf reagiert der so genannte Kontextualismus: Er begründet den Wahrheitsanspruch negativ, indem er ihn als Forderung interpretiert, alle Umstände auszuschließen, unter denen es falsch wäre, p für vorliegend zu halten. Da wir nun niemals in der Lage sind, alle diese Umstände sicher ausschließen zu können, käme es lediglich darauf an, die *relevanten* Umstände auszuschließen. Was aber ein relevanter Umstand ist, ergibt sich aus dem Kontext. So wäre es müßig, in wissensskeptizistischer Absicht ausschließen zu wollen, dass in einer Landschaft Hausattrappen aufgestellt sind – unter »normalen« Umständen – oder dass auf einer Oberleitung nicht Vögel sitzen, sondern Vogelpräparate befestigt sind. Die indiskutable Kuriosität dieser Beispiele ist durch die Kontextbedingungen gegeben, unter denen wir auch nicht erwarten, dass in einem zoologischen Garten im Zebragehege bemalte Schimmel herumlaufen, so dass wir sicher sein können – wahrheitsgarantierender Grund –, dass hier tatsächlich p vorliegt. Umstände einer möglichen Täuschung müssen nur dann ausgeschlossen werden, wenn sie relevant sind. Was heißt aber »relevant?«

Besteht nämlich Einigkeit darüber, dass keine relevanten

Umstände bestehen, den Wissensanspruch in Frage zu stellen, gibt es auch keine Skepsis, die zu widerlegen wäre. Wird aber ein skeptischer Zweifel geäußert, also ein Wissensanspruch bestritten, dann wird gerade der den Zweifel begründende Umstand durch seinen Vortrag relevant. Er wird zum Umstand dieser Situation und damit zum Thema, das nicht wegdefiniert werden kann. An dieser Stelle ist also der Rekurs auf eine Instanz erforderlich, unter der die Triftigkeit der Annahme relevanter oder nicht relevanter Umstände begründet werden kann. Aus der epistemischen Erfassung der Sachlage selbst heraus kann dies nicht geschehen. Als eine solche Instanz führt Wittgenstein die *Lebensform* ein als System von in gemeinsamer Praxis geteilten Überzeugungen: »Die Begründung aber, die Rechtfertigung der Evidenz kommt zu einem Ende; – das Ende aber ist nicht, dass uns gewisse Sätze unmittelbar als wahr einleuchten, also eine Art Sehen unsererseits, sondern unser Handeln, welches am Grunde des Sprachspiels liegt« (Über Gewißheit, § 214). Es wird also auf die Selbstverständlichkeit von Vollzügen und der in ihnen aktualisierten leitenden Regeln verwiesen. Eine Lebensform, die geteilt wird, ist jedoch nicht eine rationale Grundlage des Wissens in dem Sinne, dass sie Wissen *erklären* könnte. Sie ist vielmehr eine vorrationale Verfasstheit, über die festgelegt ist, wie wir uns überhaupt zu epistemischen Problemen in eine Beziehung setzen können. Die Lebensform selbst ist kein wahrheitsgarantierender Grund, sondern gleichsam die Schiedsrichterin darüber, was überhaupt als Grund gilt oder nicht.

Wissen als Können

Die Pointe dieser vorrationalen Instanz, in deren Lichte überhaupt Gründe als solche erachtet werden oder nicht, besteht nun gerade darin, dass diese Lebensform ein Ensemble von Regeln darstellt, die gelebt werden und nur dadurch Regelcharakter haben. Das bedeutet aber, dass die Frage von der Begründung eines singulären Wissensanspruchs (an der der Skeptizismus ansetzte und auf den der Kontextualismus oder die Lebensformtheoretiker reagierten) verschoben wird zur Frage, ob nicht ein Wissensanspruch ganz anders modelliert werden muss: nicht auf den Anspruch der begründeten

Wahrheit einer singulären Proposition bezogen, sondern auf die Unterstellung einer Fähigkeit, eines Könnens, bestimmte Sachverhalte richtig zu erfassen. Andrea Kern (2006) hat dies stringent herausgearbeitet. »Die Grammatik des Wortes ›Wissen‹ ist offenbar eng verwandt der Grammatik des Wortes ›Können‹, ›im Stande sein‹« (Wittgenstein, Über Gewißheit, § 150). Wissen beschreibt eine epistemische Fähigkeit, deren Aktualisierung die Erhebung eines singulären Wahrheitsanspruches ist. Aus dieser Fähigkeit heraus manifestiert sich die einzelne Überzeugung, dass der und der Wahrheitsanspruch erfüllt ist. Der Verweis auf eine Fähigkeit ist aber keine vollständige Erklärung eines singulären Sachverhalts (so erklärt der Verweis auf die Zerbrechlichkeit eines Glases nicht das Zerbrechen des Glases in einer bestimmten Situation vollständig). Genau so erklärt der Verweis darauf, dass die Überzeugung, dass p wahr sei, auf einer Fähigkeit basiert, nicht vollständig die Wahrheit dieser Überzeugung. Es müssen ja noch die entsprechenden Randbedingungen angeführt werden, die hinreichende Bedingungen dafür sind, dass sich die Fähigkeit aktualisiert hat. So muss zum Beispiel ausgeschlossen werden, dass derjenige, der seinen Wissensanspruch begründet, nicht zurechnungsfähig ist oder träumt. Hierfür gibt es jedoch ein klares Kriterium: Das Gegebensein der Fähigkeit zum Zeitpunkt ihrer unterstellten Aktualisierung setzt beim Wissen voraus, dass diese Fähigkeit *ihrer selbst bewusst* ist. Ein Delirierender oder ein durch Alkoholgenuss Eingeschränkter bekundet, wenn er ernsthaft Wissensansprüche erhebt und sie begründen zu können behauptet, gerade, dass er sich seines Zustandes nicht bewusst ist. Umgekehrt relativieren wir uns selbst gegenüber, sofern wir uns dieses Zustandes bewusst sind, gerade unsere Überzeugungen. Es stellt sich also mithin die Frage, wie ein Selbstbewusstsein über Leistungen und Grenzen der Fähigkeit zu Wissen zustande kommt. Damit sind wir auf diesem Wege wieder bei der Bildungsproblematik angelangt. Wissen als Fähigkeit, vorliegende Sachverhalte als wahr zu erkennen, ist also eine spezifische Ausformung eines Könnens. Ein solches Können ist zu *erarbeiten.*

Aber auch mit Blick auf ein Wissenskonzept, das Wissen als durch gesicherte Verknüpfung von Propositionen begründet sieht, erreichen wir notwendigerweise diese Diskussionsebene. Denn angesichts der Paradoxien, die Gettier (1963) aufgestellt hat, sah sich Craig (1993) genötigt, als absichernde Instanz den »guten Informanten« einzuführen, einen Experten, der sich »im Zustand« des Wissens befindet. Der gute Informant kann bei Craig auch ein Kollektiv oder eine Institution sein. Die Unterstellung, dass diese Institution als Auskunftsinstanz (z. B. als »scientific community«) im Zustand des Wissens ist und daher bei singulären Wissensansprüchen befragt werden kann, setzt voraus, dass sich eine Vertrauenstradition zu dieser Institution herausgebildet hat. Kriterium dieser Herausbildung ist, dass die Auskünfte desjenigen, der sich im Zustand des Wissens befindet, sich bewährt haben. Dies schließt höherstufig Auskünfte darüber ein, ob ein mitgeteiltes Bewusstsein über den Zustand des Wissens zuverlässig ist. Dabei kommt es nicht auf singuläre Erfolge an, sondern um einen stabilen Zusammenhang von Erfolgen, ein Erfolg versprechendes System. Nicht Wissen (als Fähigkeit) selbst, aber das Bewusstsein von Wissen (ggf. als Selbstbewusstsein) und die Aktualisierung von Wissen sind also mitteilbar. Diese Mitteilungen müssen ein konsistentes und kohärentes System ausmachen, sich in dieser Hinsicht wechselseitig stützen und Traditionen der Bewährtheit darstellen. Diese Tradition ist nur eine solche, sofern sie anerkannt ist (sonst wäre sie keine).

Bildung als Weg zu selbstbewusster Fähigkeit

»Herrschaft« und »Knechtschaft« – zwei Momente des Bewusstseins

Im Lichte der Anfänge der Bildungsdiskussion im Humanismus kann also nunmehr die Frage weiter verfolgt werden, wie ein Erfolg garantierendes Selbstbewusstsein über Wissen als Fähigkeit zustande kommt und wie dieses selbstbewusste Wissen seinerseits abgesichert werden kann. Beide Fragen hat – unter explizitem Einsatz des Konzeptes »Bildung« – Georg Wilhelm Friedrich Hegel diskutiert, und zwar in der »Phänomenologie des Geistes«, der Entdeckungsreise durch die Prozesse und Entwicklungen zur Selbsterkenntnis unserer Vernunft: im Kapitel »Herrschaft und Knechtschaft«, was die Genese eines Selbstbewusstseins als Bewusstsein über Fähigkeit betrifft, im Kapitel »Das geistige Tierreich«, was die intersubjektive Absicherung dieser Selbstbewusstseine angeht sowie im Kapitel »Der sich entfremdete Geist. Die Bildung«.

Am Ausgangspunkt der Stufe zur Bildung, auf die es uns hier ankommt, befindet sich das Bewusstsein in einer Situation, wie sie zum Beispiel am Ende des Mittelalters (siehe oben) bestand und seitdem bis heute besteht: Wir sind mit unterschiedlichen Wissensansprüchen und Ideen konfrontiert, unter denen unterschiedliche Regeln und Strategien der Welterschließung und der Darstellung der Welt begründet werden. Ein einfaches Konzept von »Erziehung« oder »Bildung« könnte nur hierin die »Vermittlung« von Wissen über solche Regeln der Welterschließung und die Erträge ihrer Anwendung verstehen. Ein »Bestand« wird vermittelt und von dem zu Erziehenden angeeignet, als »Besitz«. Dem geht das *Einüben* der Anwendung dieser Bestände durchaus einher. Und der Erfolg dieser Übung kann in Standardsituationen getestet werden. Ist dies aber ein Erweis der geglückten Vermittlung einer selbstbewussten Fähigkeit? Ein raffiniertes Abrichten kann ebenfalls zu solchen Erfolgen führen, sofern die (standardisierten) Umstände mitspielen (Wittgenstein, 1992, § 143, 185–190). Und die mögliche Irritation angesichts konfligierender »Bestände«, die den Wissensskeptizismus nährt, wäre nicht ausgeräumt. Lässt sich ein solcher Bestand als »Besitz« übermitteln? (Warum schreibt Goethe: »Was Du ererbt von Deinen Vätern, erwirb es, um es zu besitzen«? Warum ist nur Erworbenes Besitz?). Bildung kann offenbar nicht im Modus der Unterweisung stattfinden. Sie muss vielmehr zum Ziel haben, die Fähigkeit *zum Umgang* mit entsprechenden Vorgaben zu erwecken. Sie unterscheidet sich mithin von bloßer »Ausbildung«. Sie hat nicht gelingendes Reagieren zum Ziel, sondern selbstbestimmtes Tun (unter Kriterien). Selbstbestimmt ist ein Tun, wenn es seine Kriterien anerkannt hat. Konkurrierende Bewusstseine (mit dem Anspruch, Wissensträger zu sein) könnten ihren Kampf dogmatisch beenden. Folge wäre »Bildung« als Abrichtung. Stattdessen, so Hegel, muss, um die gewünschte Fähigkeit herauszubilden, ein wechselseitiger *Anerkennungsprozess* stattfinden: Der Träger des Wissensanspruchs muss anerkennen, dass der (das) zu Bildende (Bewusstsein) *sich* (in freiem Tun) bildet, und der zum Selbstbewusstsein zu Bildende muss die Vorgabe anerkennen, um sie zum Ausgangspunkt seines eigenen (ergebnisoffenen) Tuns zu nehmen. Diejenige Seite unseres Bewusstseins, die diese Ideen und Ansprüche trägt, nennt Hegel die Herr-Seite des Bewusstseins. Sie bedarf einer weiteren Seite, der ausführenden oder – wie Hegel sagt – arbeitenden Seite, die er die Knecht-Seite des Bewusstseins nennt. Beide Gestalten des Bewusstseins müssen sich also wechselseitig anerkennen, sonst bleibt es beim reinen »Spiel« des Verstandes (Hegel, 1952, S. 110). (Hinter dieser Metaphorik verbirgt sich unter anderem eine Modellierung des Leib-Seele-Verhältnisses, wie es die Leipziger Schule der Hegel-Interpretation [Hubig, Luckner, Stekeler-Weithofer] untersucht [Stekeler-Weithofer, 2005, S. 414].) Diese Rollenaufteilung kann auch auf verschiedene empirische Bewusstseine verteilt sein, dann sprechen wir von Lehrenden und Lernenden, Erziehern und Zöglingen oder – prominent – von Herren und Knechten, etwa im Blick auf Klassenverhältnisse. Was geschieht, wenn beide Seiten sich wechselseitig anerkennen? Die Knecht-Seite arbeitet und macht dabei Erfahrungen, die ihr Bewusstsein als Bewusstsein der Differenz zwischen den Vorgaben der Herr-Seite und der Arbeit der Knecht-Seite als Selbstbewusstsein hervorbringt: Zum einen realisiert sie Werke, sie »bildet Werke«, wie Hegel schreibt, oder überhaupt nur kurz: Sie bildet (S. 149) und bildet dadurch *sich*. Im Prozess dieses Bildens und in Ansehung des Werkes als Resultat macht nämlich diese Knecht-Seite die Erfahrung der Widerständigkeit der Natur in ihrer Wirkmächtigkeit. Sie erfährt, wie Hegel es ausdrückt, eine »Hemmung der Begierde«, also des Anspruchs der Herr-Seite (S. 149). Keine Idee lässt sich in Gänze so umsetzen, wie sie im Bewusstsein des Planenden gefasst war. Die Erfahrung der Differenz zwischen Vorgabe und Anspruch und dem Werk als Resultat einer Auseinandersetzung mit der Natur im Arbeitsprozess – diese Erfahrung des Bewusstseins ist diejenige seiner selbst (Hegel, 1952, S. 153 f.) als selbstbewusste Fähigkeit zu tun (siehe oben, Kern, 2006) (nicht: als »Bestand«).

In jener Differenz erkennt sich die Knecht-Seite des Bewusstseins als eine, die so und so fähig ist, das und das in der und der Weise zu vollziehen. Sie gelangt zu einer Einschätzung der Vorgaben und der Ideen im Kontrast zu dem Werk, das realisierbar war, zugleich zu einer Einschätzung der Fähigkeiten, solche Ideen umzusetzen. Sie vermag nun die Vorgaben und Ideen nach Maßgabe der Fähigkeiten einzuschätzen und umgekehrt. Sie vermag in einen Prozess des Abgleichs einzutreten, der eine neue Sicht auf die Ideen wirft und zugleich auf die eigenen Fähigkeiten, die in der und der Weise als leistungsfähig oder als weiterzuentwickelnde erscheinen. Die Schulung und Bestärkung, die Entwicklung oder, wie es damals auch hieß, die Auswicklung dieser Fähigkeiten findet im Arbeitsprozess statt. Mithin handelt es sich nicht nur um die Bildung eines Werkes, sondern zugleich um Bildung im reflexiven Sinne des Sich-Bildens der Knecht-Seite des Bewusstseins. Und weil diese sich im Arbeiten immer weiter selbst bildet, emanzipiert sie sich zunehmend von den bloß abstrakten und theoretischen Vorgaben, wie sie als Pläne und bloßes *Wissen* erschienen sind, welches gleichwohl Ausgangspunkt der Arbeit sein musste. Das knechtsche Bewusstsein identifiziert sich nicht mit der »Herr«-Gestalt in dem Sinne, dass es hierüber sein Selbst-Bild gewänne, sich als Gegenstand bewusst würde, denn es erfährt sich als ein »Mehr«, als ein Arbeitender. Und es identifiziert sich auch nicht an seinem Werk (dann, so Hegel, »hätte es sich verloren«), denn die »Hemmung der Begierde« ist nicht Eigenschaft des Werkes, sondern verweist – ex negativo – auf die vollzogene Anerkennung von Tun-Vorgaben als Spezifik des knechtschen Bewusstseins. »Die negative Beziehung auf den Gegenstand wird zur Form desselben« (S. 149), das Selbstbild des knechtschen Bewusstseins wird zum Bild der Differenz Vorgabe-Erfolg und damit selbst zum Ausgangspunkt von Bearbeitung und Entwicklung. Kurz: Wissen ohne Bildung bleibt leer, verliert den Bezug zur Welt; Bildung ohne Wissen bleibt blind, macht zwar Erfahrungen, weiß aber nicht, wie sie diese einschätzen und bewerten soll. Wissen und Bildung gehören also in dieser spezifischen Weise zusammen, sind aber keineswegs identisch. Und noch einmal: Fatal wäre es, Bildung mit Wissen zu verwechseln, Wissen als bloßen Bildungsstoff anzusehen.

Die Binnenstruktur des bildenden Tuns erläutert Hegel im Kapitel »Das geistige Tierreich«. Das Tun als »reines Übersetzen aus der Form des nicht dargestellten in die des dargestellten Seins« konfrontiert uns auf den ersten Blick mit einem Zirkel: Einerseits kann »das Individuum [...] nicht wissen, was es ist, ehe es sich durch das Tun zur Wirklichkeit gebracht hat« (S. 287) »weil es sein ursprüngliches

Wesen, das sein Zweck sein muß, erst aus der Tat kennenlernt«, andererseits muss es »aber, um es zu tun, vorher den Zweck haben« (S. 288). Es muss daher »unmittelbar anfangen« (in knechtischer Haltung), ohne aber über sich selbst als Instanz zu verfügen, welche ihm ermöglichen würde, den Zweck als Vorgabe der Herr-Seite des Bewusstseins mit einem eigenen in der Realisierung bewusst gewordenen Zweck abzugleichen. Das wäre ja die Voraussetzung dafür, die Art und Weise der Verwirklichung der Vorgaben der Herr-Seite nicht einfach als schicksalhaften Prozess aufzufassen, sondern in einen kritischen Abgleich zu bringen mit seiner eigenen Vorstellung von Zweckhaftigkeit. Ansonsten wäre das Werk als Darstellung der Individualität schlicht etwas, das sich unter der Vorgabe und dem eigenen Tun quasi »einstellt«. Die einzige Möglichkeit besteht darin, Werke untereinander zu vergleichen, ohne sie normativ zu bewerten. »Es findet daher weder Erhebung, noch Klage, noch Reue statt« (S. 290). Die Werke unterscheiden sich zunächst nur nach ihrem Umfang, der »stärkeren Energie« in ihrer Realisierung, dem »Reichtum ihrer Natur«. Unvollkommenheiten der Werke werden nur praktisch, performativ ersichtlich im wechselseitigen »Zuhilfe eilen«, wie wir es bereits in der Kinderwelt antreffen. Was ist aber der Grund einer solchermaßen veranlassten Hilfe? Ersichtlich wird nur, dass es einen solchen Grund in Gestalt von Regeln geben muss, nicht aber, welche Regeln hier gültig sind. Es ist ein »Tun aller und jeder«, das eine jeweilig unmittelbare Überzeugung von Recht und Gut ausdrückt, welche dadurch aber nun erst zum Kandidaten einer Bestimmung werden kann. Aus der Sache jedenfalls, den Werken, kann der Maßstab zu ihrer Bewertung nicht gewonnen werden. Wenn er hingegen in Gestalt bestimmter aus einer unmittelbaren subjektiven Haltung heraus verallgemeinerten Regeln (»Gesetzen«) gefasst wird, entsteht ein »Betrug«: Das individuelle Bewusstsein soll sich doch über seine Verwirklichung *selbst* finden, wird aber hier auf eine Bewertung unter Standards verallgemeinerter Subjektivität (»Liebe deinen Nächsten wie dich selbst«, »Hilf dem Anderen bei der Realisierung der Ziele, wie du sie für dich selbst beanspruchst«) verwiesen. Selbstbewusstsein als Bewusstsein über Fähigkeiten zu selbstbestimmten Tun kann sich nur in Bezug zu einer anerkannten Idee/Vorgabe/Regel, die nicht bloße Projektion seiner Subjektivität ins Allgemeine ist, entfalten, weil es sich nur in dieser Bezugnahme positioniert. Bloße »Selbstverwirklichung« führte sonst dem Individuum ein ödes Selbst vor, das auch anders sein könnte, wie sich eben an den anderen zeigt. Wie aber ist das aus der Bildungsdiskussion geläufige Dilemma zwischen einem Bildungsziel (bloßer) »Selbstverwirklichung« oder Bildung als Hinführung zu anzuerkennenden »sittlichen Mächten«, kulturellen Standards einer Gesellschaft, in die sich das Individuum integrieren soll, zu vermeiden?

Bildung und Entfremdung

Im Kapitel »Der sich entfremdete Geist. Die Bildung« widmet sich Hegel dieser Frage als Frage, inwieweit das Bildungsziel »die Verwirklichung der Substanz als allgemeiner Subjektivität« sein könne. In der »Sprache der Schmeichelei« ist dies ausdrückbar, indem sich ein Individuum mit den sittlichen Mächten schlicht identifiziert und auf diese Weise Anerkennung für sein Tun erreicht. Am Beispiel des Romans »Rameaus Neffe« von Denis Diderot wird die Relativität solcher Identifizierungen je nach persönlichem Interesse aufgezeigt. Mag noch der Zyniker in Diderots Roman mit diesen Relativierungen spielen, so zeige doch der Terror, in den das Programm der französischen Aufklärung umgeschlagen ist, die Entfremdung, in die dieses Bildungskonzept führen kann. Die »Sprache der Zerrissenheit« drückt diesen Konflikt aus, sie artikuliert die »Empörung« gegenüber der Identifizierung einzelner Machtträger mit »sittlichen Mächten«. Die Verwirklichung des Bewusstseins im Modus der Bildung kann daher nicht in Unterwerfung unter sittliche Mächte als Erziehungsinstanz stattfinden, sondern nur in *Abarbeitung* an diesen Mächten, die in Gestalt von Sittlichkeit, Moralität und Religion nicht die letzten Ziele vorstellen, sondern die notwendige Voraussetzung dafür abgeben, sich zu diesen Zielen auf der Basis einer Reflexion ihrer Relativität und Widersprüchlichkeit in ein Verhältnis zu setzen. Der Hegelianer Jean Paul hat in seinem »Anti-Bildungsroman« »Titan« einen solchen Bildungsweg dargestellt: Der Held, Albano, wird zu einem Bewusstsein seiner Fähigkeiten als realistischer Einschätzung dieser Fähigkeiten geführt und betritt am Schluss die »weiße Straße«, die – ohne Vorgaben – *seiner* Zielsetzungen harrt. Da diese von allen Identifizierungen mit Partialinteressen gereinigt sind, sind sie »absolut« im Sinne von »unbedingt«, solche eines allgemeinen Menschseins, welches nicht mehr individuell separierbar oder einschränkbar ist, sondern als sein Ziel die »allseitige« Auswickelung der Fähigkeiten beinhaltet. Die neuhumanistische Bildungsidee kulminiert entsprechend in diesem abstrakten Menschheitsethos und setzt auf die Verwirklichung einer absoluten Vernunft, die sich selbst als menschliches Streben überhaupt begreift und entsprechend die Autonomie zum höchsten Wert, der als »Würde« nicht mehr verrechenbar ist, erhebt. Indem nun ein universelles Bildungsziel zu einem »einzigen« gemacht wird, lässt dieses Ideal die prosaischen Niederungen technisch-ökonomischer Weltaneignung zum Zwecke der Bedürfnisbefriedigung hinter sich. Das mag letztlich erklären, warum Bildungsapologeten wie Schwanitz (siehe oben) die Bildung als Moment der Kultur von der bloßen Zivilisation als Organisation der Voraussetzungen gelingenden Lebens separierten. Ihr Bildungskonzept orientiert sich – in Absehung von dem bei Hegel ausgearbeiteten Konzept von Arbeit – eher wieder stärker an einem Konzept von cultura animi als ästhetischer Erziehung, wie es Christoph Martin Wieland (1794) als Ausbildung von Anlagen, Zubildung zur Tugend, Bildung des Geschmacks an Mustern und Beispielen gefasst hatte. Bei Goethe indes, im »Wilhelm Meister«, meint Bildung bereits die Genese zur reifen Persönlichkeit, die ihren Beruf steht, Tat und Sinn vereint und realistisch über ihre Mittel zu disponieren versteht. Jene humanistische Tradition, die als »Humboldtsches Bildungsideal« auch in der Gegenwartsdiskussion vereinseitigt dargestellt und gegen eine Funktionalisierung des Bildungsbetriebes geltend gemacht wird, disqualifiziert in ihrer Problematik keineswegs eine autonome Selbstentfaltung als Bildungsideal mit den entsprechenden humanistischen Werten und den diesen entsprechenden Menschenrechten, die der so genannte »Dritte Humanismus« unter dem Eindruck der nationalsozialistischen Diktatur programmatisch rehabilitierte. Als orientierende Bildungs*idee* allein gelassen ist diese freilich zu schwach, um ein Bildungs*programm* zu gewinnen. Denn dieses hat sich auch und gerade um die Gewährleistung der Bedingungen zu mühen, die jene Autonomie als reale Freiheit gewährleisten. Eine solche Freiheit liegt (negativ) in der Unabhängigkeit von »Sachzwängen« als materialen Zwängen der Verfasstheit unserer Handlungswelt sowie epistemischen Zwängen, die durch fehlendes oder veraltetes Wissen gegebenen sind. Und als (positive) Freiheit besteht sie darin, über Voraussetzungen zu verfügen bzw. diese erarbeiten zu können, welche die Realisierung von Handlungszielen sowie ihre Fortschreibung und Neufassung in den normativen Grenzen einer Achtung der Bedingungen (ökologisch, ökonomisch, sozial) von Handlungsfreiheit und einer gerechten Verteilung von Handlungschancen ermöglicht. Dass dies durch bloße Vermittlung wissenschaftlicher und technischer Fähigkeiten allein nicht gewährleistet sein kann, wurde in neuerer Zeit die Vermittlung weitergehender »Kompetenzen« Thema der Diskussion um Bildungs- und Ausbildungsprogramme.

Kompetenz und Kompetenzvermittlung

Kompetenz als Bildungsziel

Seit gut zwanzig Jahren werden seitens einschlägiger Verbände, Gremien und Institute, insbesondere der Wirtschaft, die Rufe nach einer Umorientierung der Universitäten immer eindringlicher. Motiviert von der Einsicht, dass ein am jeweiligen Wissensstand orientiertes Know-that und Know-how einer zunehmend sinkenden Halbwertzeit unterliegt, wird gefordert, dass über die Vermittlung von Wissen und praktischen Erfahrungen hinaus neue Bildungsinhalte im Studium platziert werden müssen. Diese sollen die Schüler und Studierenden befähigen, mit der Dynamik der Entwicklung Schritt zu halten und flexibel auf neue Problemlagen einzugehen, Problemlösefähigkeit zu entwickeln, indem sie geschickt mit Wissen umgehen bzw. dieses ad hoc akquirieren. Stärker als bisher soll daher die Herausbildung von *Kompetenzen und Schlüsselqualifikationen* befördert werden. Im Blick auf die einschlägigen Diskussionen lässt sich dreierlei beobachten:

- Wir finden – was wohl kaum überrascht – deutliche Übereinstimmungen hinsichtlich der Kataloge und Listen erforderlicher Kompetenzen und Schlüsselqualifikationen.
- Erstaunlicherweise hingegen divergieren die Vorschläge hinsichtlich der praktischen Konsequenzen, welche aus der Problemanalyse sowie den Forderungskatalogen gezogen werden, sehr deutlich.
- Es fehlen tiefer gehende Überlegungen zu der Frage, wie sich Kompetenzen überhaupt vermitteln lassen und wo die spezifischen Unterschiede zwischen Wissensvermittlung und Kompetenzvermittlung liegen.

Es ist zu vermuten, dass die Widersprüche zwischen der Übereinstimmung im Theoretischen und den Divergenzen im Praktischen darin begründet sind, dass über den Status von Kompetenzen und die Problematik der Kompetenzvermittlung zu wenig nachgedacht wird.

Betrachten wir zunächst die Forderungen im Einzelnen: In seinen Denkschriften seit 1990, 1997 und 1998 fordert zum Beispiel der Verein Deutscher Ingenieure (VDI), dass fachübergreifendes Wissen, Methodenkompetenz, Systemdenken, Kreativität/Innovationskompetenz, Führungskompetenz, Kommunikationskompetenz, Kooperationskompetenz, Wertekompetenz und interkulturelle Kompetenz sowie Entscheidungskompetenz stärker in den Lehrinhalten ihren Platz finden müssten. Dem sei dadurch zu entsprechen, dass in die Studienordnungen 20 % fachübergreifende Studieninhalte aufgenommen werden müssten, davon 10 %, welche die klassischen Lehrinhalte funktional ergänzen (technisches Englisch, Betriebswirtschaft etc.) sowie 10 %, welche Systemzusammenhänge näher bringen (Ökologie, Technikbewertung etc.).

Der Verband der Maschinen- und Anlagenbauer (VDMA) forderte 1997 angesichts der Globalisierung sowie unterschiedlich gelagerter Probleme der Technikakzeptanz eine verstärkte Berücksichtigung der Vermittlung sozialer Kompetenz sowie interkultureller Kompetenz in der Ingenieurausbildung. Unter dem Lernziel »Global Engineering«, so die praktische Konsequenz, sollten die Bereiche Betriebswirtschaft, Recht, Sprachen, Sozialwissenschaften und Kulturwissenschaften stärker gelehrt werden.

Die Deutsche Kommission für Ingenieurausbildung (DKI) mahnte 1991 eine stärkere Förderung fachübergreifender Verantwortung (ökonomisch, sozial, ökologisch) an, möchte jedoch die einschlägigen Lehrinhalte nicht im Rahmen spezieller Vorlesungen, sondern im Zuge interdisziplinärer Seminare, Projektstudien und kontinuierlicher Weiterbildung berücksichtigt sehen.

Der Rat für Forschung, Technologie und Innovation bei der Bundesregierung folgt 1998 in seinem Katalog erforderlicher Kompetenzen (Methodenkompetenz, Kreativität und Innovationsfähigkeit, Sprach- und Medienkompetenz, Mobilität, Flexibilität und soziale Kompetenz) den Forderungen der Verbände. Für die Praxis der Lehre jedoch plädiert er für eine Reduktion der Erstausbildung zugunsten des Ausbaus einer lebenslangen eigenverantwortlichen Weiterbildung. Diese soll dadurch ermöglicht werden, dass im Rahmen sogenannter »Kompetenzcluster« Wissenschaft, Wirtschaft und Verbände zusammenarbeiten und einschlägige Weiterbildungsangebote erstellen.

Aus der Fülle einschlägiger Analyse und Angebote, wie sie von Instituten im Umfeld der Universitäten erstellt werden, sei der Ansatz der Forschungsabteilung für Industriewirtschaft (1995) der Universität Tübingen erwähnt: Auch hier findet sich die Schwerpunktsetzung im Blick auf Fachkompetenz, Methodenkompetenz, Sozialkompetenz und Wertekompetenz verbunden mit der praktischen Konsequenz, dass eine kontinuierliche Qualitätssicherung in der Lehre die jeweilige Anpassung der Lehre an die dynamisierten Anforderungsprofile der Wirtschaftspraxis gewährleisten solle.

Neben der deutlichen Übereinstimmung im Blick auf die geforderten Kompetenzen ist also die Unterschiedlichkeit bei den erwünschten praktischen Konsequenzen unübersehbar. Es sind im Wesentlichen fünf Strategien:

- Ergänzungen der Lehre durch eigene Lehrveranstaltungen, welche übergeordnete Fragestellungen, allgemeine Zusammenhänge, weitere Horizonte, Suchraumerweiterung sowie eine Sensibilisierung für allgemeine gesellschaftliche Problemstellungen sowie normative/ethische Rechtfertigungsstrategien zum Thema haben;
- Ergänzungen der Lehre durch eigene Lehrveranstaltungen, welche funktional bezogen sind auf die Optimierung ingenieur-

wissenschaftlicher Tätigkeit in den einschlägigen neuen internationalen ökonomischen Kontexten;
- Ablehnung neuer eigenständiger Lehrveranstaltungen zugunsten einer stärkeren Integration interdisziplinärer projektbezogener Lehrinhalte in das bestehende Gefüge des Lehrangebots;
- Reduktion der Erstausbildung und Überantwortung der Problemlösung an eine neu zu konzipierende lebenslange Weiterbildung;
- flexible und situationsangepasste Optimierung der einzelnen Lehrinhalte an die wechselnden Erfordernisse der jeweiligen beruflichen Praxis.

Gerade im Blick auf die knappen Stundenbudgets und die geringen Spielräume der bestehenden Lehrpläne scheint die Situation so, dass man nicht alles zugleich erledigen kann, sondern die Entscheidung für eine dieser Strategien ansteht. Sofern eine Kombination aus Elementen dieser Strategien erfolgen sollte, wäre ein Kriterium zu finden, das die Auswahl leitet.

Zur Klärung dieser Frage erscheint es sinnvoll, einen kurzen Blick auf die Hintergrundproblematik zu werfen, die – zu wenig bedachte – Frage nämlich, was überhaupt Kompetenzen sind, wie sie darstellbar und lehrbar gemacht werden können.

Welchen Ort hat nun die in den anfangs zitierten Forderungen als Bildungsziel formulierte Kompetenz zwischen Wissen und Bildung? Was ist überhaupt Kompetenz, was unterscheidet sie von Wissen und Bildung? Kompetenzen sind Fähigkeiten, die ein habitualisiertes Können ausmachen. Das unterscheidet sie vom Wissen, aber auch von einem eingeschränkten Konzept von Bildung. Ein Wissen um die Naturgesetze und die Techniken, die einen Stabhochsprung gelingen lassen, ist sicherlich einem Können, Stabhochzuspringen, förderlich. Aber ein solches vermittelbares Wissen führt noch nicht zum Können selbst. Und auch eine bildungsmäßige Orientierung an großen Vorbildern des Stabhochsprungs allein führt noch nicht zum Ergebnis des Könnens, sondern erst dann, wenn in Orientierung an diesen Vorbildern *geübt* wird. Das ist freilich bereits im klassischen Konzept von Bildung enthalten. Und damit kommen wir dem Problem der Vermittlung von Kompetenzen ein Stück näher.

Kompetenz als Disposition

Halten wir aber zunächst noch einen Augenblick inne und betrachten die eigentümliche Verfasstheit von Kompetenzen. Ein Blick auf Fähigkeiten, oder – wissenschaftstheoretisch – Dispositionen von *Naturelementen,* bringt uns einen Schritt näher. Wenn wir etwa die Fähigkeit der Wasserlöslichkeit eines Kristalls betrachten, können wir sogenannte Strukturbedingungen ausmachen, etwa beim Kristall eine bestimmte Art des Kristallgitters. Davon unterschieden sind die sogenannten Realisierungsbedingungen, die erfüllt sein müssen, damit eine Auflösung im Wasser möglich wird, zum Beispiel der Aggregatzustand einer entsprechenden Flüssigkeit, in der sich die Substanz auflösen soll, Druckverhältnisse, Temperaturverhältnisse etc. Diese doppelten Bedingungen müssen wir im Auge behalten. Sie fallen auch auf, wenn wir ganz andere Beispiele für Kompetenzen oder Dispositionen anschauen, etwa diejenige der Mobilität als der Fähigkeit, sich flexibel zu bewegen und Ortsveränderungen vorzunehmen. Die notwendige Doppelung jener Struktur- und Realisierungsbedingungen mag anschaulich werden im Blick auf zwei einschlägige Werbesprüche aus letzter Zeit: Der Werbeslogan »Mars macht mobil« verweist auf bestimmte *Realisierungsbedingungen,* die durch die Einnahme einer entsprechenden Süßigkeit gegeben werden, zum Beispiel Energiezufuhr. Eine solche Realisierungsbedingung bleibt folgenlos, wenn nicht eine entsprechende Strukturbedingung erfüllt ist, nämlich diejenige, dass ein gesunder Organismus mit entsprechend leistungsfähiger Struktur und Stoffwechsel gegeben ist, einer bestimmten Muskelfaserdichte, einem bestimmten Lungenvolumen usf. Umgekehrt verweist der Werbeslogan »BMW macht mobil« auf eine bestimmte technische *Struktur,* die so lange nicht zum gewünschten Effekt führen kann, als nicht entsprechend verfasste Realisierungsbedingungen (freie Straßen, die schnell befahren werden können, usf.) gegeben sind. Im dichten Stadtverkehr macht ein BMW möglicherweise weniger mobil, verkörpert in geringerem Maße die Kompetenz Mobilität als etwa ein Fahrrad oder gute Füße. Interessant ist nun, dass im menschlichen Bereich wie auch in einigen anderen Bereichen der Natur festzustellen ist, dass die Gestaltung von Strukturbedingungen und von Realisierungsbedingungen aufeinander wechselwirken können. Im physischen Bereich kann man das an Trainingsprozessen besonders gut beobachten. Je nach Gestaltung der Trainingsbedingungen und Ernährungsbedingungen als Realisierungsbedingungen können Strukturen aufgebaut oder abgebaut werden. Trainingserfolge zeugen genauso davon wie die Ruinierung der Körper mancher Leistungssportler, die durch einseitiges Training und Routinisierungsverluste die Kompetenz »körperliche Leistungsfähigkeit« beschädigen. Durch die Gestaltung der Realisierungsbedingungen können Strukturbedingungen positiv oder negativ verändert werden. Umgekehrt können im Ausgang von gegebenen Strukturbedingungen Realisierungsbedingungen so angepasst werden, dass das Potential der Strukturen bloß möglichst effektiv und effizient genutzt wird, oder so, dass die Grenzen der Strukturbedingungen getestet, ersichtlich und erweitert werden.

Wege zur Bildung von Kompetenzen

Wie können wir Bildung so anlegen, dass über die Wissensvermittlung hinaus Kompetenzen entstehen, erweitert und fortgeschrieben werden? Klar ist, das eine solche Kompetenzentwicklung nicht im Bereich der Vermittlung theoretischen Wissens stattfindet. Es muss ein Kontakt zur Praxis entstehen, der Arbeit des Knechtes, wie Hegel sagen würde, um diesen Effekt zu erzielen. Hierzu existieren eine ganze Reihe von Ansätzen und Entwicklungslinien im Bereich schulischer und wissenschaftlicher Bildung, die sich unter dem Paradigma experimenteller Arbeit bewusst diesem Anspruch stellen. Hier wäre erstens zu nennen das sogenannte exemplarische Lernen, das Lernen im *Projektstudium,* in der Bearbeitung konkreter praktischer Aufgabenstellungen. Angesichts der Überfülle unserer Wissensangebote zwingt ein solcher Lerntyp dazu, diese Wissensangebote zu testen, auszuwählen, auf Eignung zu prüfen und in der Umsetzung dieser Angebote eigene Erfahrungen zu machen. Dabei bildet sich sowohl die Kompetenz im Umgang mit solchem Wissen heraus, als auch wird ersichtlich, welche zusätzlichen Fähigkeiten ins Spiel gebracht, geschult und entwickelt werden müssen, um jene Vorgaben praktisch wirksam werden zu lassen. Da die Lösung konkreter Aufgaben exemplarischen vorbildhaften Charakter hat, können ferner angesichts von Gelingens- und Misslingenserlebnissen vergleichbare Problemsituationen und Strategien ihrer schrittweisen Bewältigung beherrschbar werden, aber auch unterschiedlich gelagerte und somit anders einzuschätzende Problemlagen identifizierbar werden. Praxis ist eben nicht bloß angewandtes Wissen, sondern ein eigener Typ von Aktivität, in dem Wissen nur eine unter vielen Strukturbedingungen ist. Zweitens wird der Blick über den Tellerrand im Zuge sogenannter *alternativer Studien* oder *transdisziplinärer Ausrichtung* der schulischen und wissenschaftlichen Ausbildung gefördert. Die ständige Konfrontation mit Neuem und Fremdem – für die Naturwissenschaftler mit Texten, für die Geisteswissenschaftler mit Versuchsanordnungen, für beide mit Gedankenexperimenten einerseits, technischen Verfahren wie zum Beispiel denjenigen der Energiebereitstellung andererseits, führt zur Erweiterung von Kompetenzen, auch und gerade über die Einsicht der beschränkten Leistungsfähigkeit bisher erworbener Kompetenzen. Und drittens wird unter den Programmen eines *lebenslangen Lernens* berücksichtigt, dass angesichts der Dynamik unserer modernen zivilisatorischen Prozesse *erstarrte* Kompetenzen bereits Kompetenz*verluste* darstellen. Eine beständige Fortschreibung von Kompetenzen ist unabdingbar, Bildung ist ein lebenslanger Prozess und nicht etwa eine biografische Stufe der Persönlichkeitsentwicklung.

So erkennen wir hinter der aktuellen Rede von Kompetenz und Kompetenzvermittlung genau diejenigen Motive der alten Bildungsidee, unter denen diese Idee in Absetzung von einer bloßen Vermittlung von Wissen entwickelt wurde. Es hieße, das Kind mit dem Bade auszuschütten, wenn man Bildungsdefizite und Bildungskrisen bloß auf Verluste eines Wissens eines bestimmten Typs sowie auf Verluste von Fähigkeiten, mit Wissen umzugehen, zurückführen würde. Bildung kann nur dadurch erreicht werden, dass eine wissensgeleitete, praktisch-experimentelle und gedankenexperimentelle Arbeit in exemplarischer Absicht einen höheren Stellenwert bekommt. Denn die unterschiedlichen Normen der verschiedenen Forschergemeinschaften bleiben solange tote Wissensbestände, als nicht die aktive Teilnahme an exemplarischen Forschungsvorhaben, die Einübung in eine entsprechende Lebensform, deren Leistungen und Grenzen erkennbar macht. Ziel der

Bildung ist, »sehr genau zwischen einem Wissen, das seinen Sitz in einem selbst erworbenen, selbst Wissen produzierenden Sachverstand hat, und einem Wissen, das als einfach mitgeteiltes einfach übernommen und weiterverarbeitet wird, zu unterscheiden« (Mittelstraß, 1989, S. 53 ff.). Gerade aus der naturwissenschaftlichen Realisierung des klassischen Bildungsideals kann die geisteswissenschaftlich-bürgerlich verengte Bildung lernen, dass es aufs Arbeiten ankommt: Sonette kann man nur verstehen, wenn man sich einmal bemüht hat, welche zu verfassen. Die von Klemm, Rolff und Tillmann (1985) formulierten Kriterien für Angebote im Bildungsprozess (»Bildung für das Jahr 2000«) erscheinen nach wie vor gültig, mithin geradezu klassisch, weil – bei den vier ersten – ihre Verwurzelung in der Tradition aufweisbar ist: Gestaltbarkeit, Durchschaubarkeit, Sinnlichkeit, Ganzheitlichkeit. Ein weiteres der dort genannten »Kriterien«, nämlich Solidarität, ist weniger ein Kriterium denn ein Ziel, das in anderer Form attraktiv zu machen wäre: Weniger durch rational-normative Begründung mit *Wissen*sanspruch, als durch bildendes *Vorführen* einer entsprechenden Lebensform. Erstere hat ihr Scheitern im Clash der Kulturen erwiesen, letzteres steht nach wie vor aus bzw. ist erst in Ansätzen vorfindlich.

Exkurs: Wie lassen sich Dispositionen erfassen?

Für eine empirisch orientierte Psychologie stellt sich das Problem, wie Kompetenzen als Dispositionen erfasst oder gar gemessen werden können. Der Streit um die Intelligenztests ist hierfür ein paradigmatisches Beispiel. In der Wissenschaftstheorie ist die Frage der Erfassbarkeit von Dispositionen ein zentrales Thema. Denn seit die neuzeitliche Naturwissenschaft ihre Spezifik darin sieht, die Erschließung von Phänomenen (vgl. Goethes Farbenlehre oder die Naturmedizin) durch die Erfassung und Überprüfung von Effekten zu ersetzen, behandelt sie ausschließlich dispositionelle Eigenschaften, die unter experimentellen Umständen in Erscheinung treten. So sind praktisch alle Materialkonstanten Dispositionen: Schmelz- und Siedepunkte, Wärme- und elektrisches Leitvermögen, Elastizität, Absorptionsvermögen etc.

Der erste und radikalste Problemlösungsversuch (Carnap, 1928/1974) bemühte sich um eine strikte *Reduktion.* Unter dem Ideal, dass einzig Beobachtungsprädikate zugelassen und aus ihnen eine Wissenschaftssprache aufgebaut werden sollte, lautete der erste Vorschlag, Dispositionsprädikate zu modellieren, wie folgt: Für alle x gilt, dass die entsprechende Disposition (z. B. »wasserlöslich« oder »fehlerfreundlich«) dann und nur dann ihnen zukommt, wenn in allen Testsituationen S unter bestimmten manifesten Bedingungen T (eben des Tests) sich das Resultat R immer, das heißt für alle S sich einstellt. Das Problem dieser Rekonstruktion liegt darin, dass das Zusprechen einer Disposition im Gegensatz zu unseren Absichten *unterbestimmt* ist: Das Zusprechen der Disposition kann auch stattfinden, wenn zum Beispiel die Ausgangsbedingung nicht erfüllbar ist, und zwar auf Grund der Wahrheitsbedingungen der Implikation. (Eine Implikation ist auch wahr, wenn die Antezedenz falsch und die Konsequenz wahr ist. Dies ist unter technischen Kriterien der logischen Semantik sinnvoll. Es entspricht jedoch nicht unserer Bestimmungsintuition.) Unsere schöne Explizitdefinition, in der das Definiendum durch das Definiens vollständig unter dem geforderten Ideal eliminiert ist, wird problematisch.

Daher schien ein Ausweg darin zu liegen, die Zuflucht zu einer *bedingten* Definition (Carnap, 1954) zu suchen, wobei die Bedingung unsere praktische Intuition des Testens berücksichtigt: Das Zusprechen der Disposition D besagt: Für alle x und alle Testsituationen s gilt, dass, wenn die Ausgangsbedingungen erfüllt sind (z. B. ein Test T stattgefunden hat), das Dispositionsprädikat dann und nur dann zugesprochen wird, wenn sich das entsprechende Resultat R einstellt. Diese Fassung bringt jedoch neue Nachteile mit sich. Unter anderem: Wenn die Ausgangsbedingung nicht erfüllt ist, bleibt die Disposition *unbestimmt* (sie kann vorliegen oder nicht). Wir können also von Dispositionen nur sprechen, wenn ein realer Test stattfindet. Wenn die Ausgangsbedingung erfüllt ist, steht und fällt das Zusprechen der Disposition mit dem Auftreten von R. Wahrheitszuweisungen werden also von dem jeweils stattgefundenen Verifikationsverfahren abhängig gemacht. Ein einziger positiver Test zwingt zum Zusprechen, ein einziger negativer zum

Absprechen der Disposition. Ein radikaler Operationalist mag das begrüßen, muss sich aber dem Vorwurf stellen, dass sein zugelassenes Wissen einzig von real ausgeführten Versuchen abhängt. Die Dispositionszuschreibung wäre somit *überbestimmt*. Ein weiterer – logischer – Einwand ist unter anderem dieser: Das Definiendum ist offensichtlich durch das Definiens nicht eliminierbar, weil jenes in diesem vorkommt.

Unter dem Einwand, dass das Ideal jener Reduktion auf Beobachtungsterme (T und R) doch längst obsolet sei und überdies die materiale Implikation sich als ungeeignetes Mittel logischer Rekonstruktion in diesem Falle (da sie auch bei nichterfüllter Ausgangsbedingung wahr ist) erweise, verabschiedete man also die hausgemachten Probleme eines Reduktionismus und ließ theoretische Terme zu, somit Dispositionsprädikate als Elemente einer *Theoriesprache* (Carnap, 1960), deren Begriffe *nicht* vollständig durch Beobachtungsbegriffe definiert sind. Der Gegenstandsbezug kann dann nur noch pragmatisch hergestellt werden, indem Dispositionsprädikate als empirische Hypothesen über die Anwendung des entsprechenden Begriffs auf Gegenstände durch bestimmte Forscher gefasst werden. Oder man versuchte, *Korrespondenzregeln* zu eruieren, die durch Induktion abgesichert werden können (Stegmüller, 1970, S. 213–238; Essler, 1982). Dies sind zwei Rückzugspositionen, die das Problem entweder »weichen« wissenschaftlichen Konventionen bzw. Hypothesen über diese oder der Unsicherheit induktiven Schließens überantworten, dafür aber eher die Forschungspraxis beschreiben.

Der entscheidende Durchbruch wurde erst möglich, als man sich daran machte, Dispositionsprädikate durch irreale Konditionalsätze zu modellieren. Es begann wiederum relativ elementar: Es sollten indikativische Sätze gesucht werden, die mit den irrealen Konditionalsätzen äquivalent sind, damit man bei jenen die Wahrheitszuweisung vornehmen konnte. Wie kann man aber verhindern im Blick zum Beispiel auf die Disposition »Fehlerfreundlichkeit«, dass der Satz »Hätte das Kontrollsystem so und so reagiert, wäre die Havarie vermieden worden« und der Satz »Hätte das Kontrollsystem *nicht* so und so reagiert, wäre die Havarie vermieden worden« aus dem gleichen Grunde (bei Nichterfüllung der Ausgangsbedingung) zutreffen?

Nelson Goodman (1975) versuchte das Problem dadurch zu lösen, dass er forderte, dass eine Menge klar präzisierter *Hilfsannahmen* modelliert werden müssen, die zusätzliche Bedingungen beschreiben, unter denen bei gegebener Ausgangsbedingung sich ein Resultat einstellt, damit die Disposition zugesprochen wird. In unserem Beispiel: Das Bedienungspersonal ist ausgeschlafen; die Schicht wird regulär gefahren, die Kontrollinstrumente sind gewartet, die Sensoren regelmäßig getestet etc. Auf Bedingungen solcherlei Art greife jeder implizit zurück, der einen irrealen Konditionalsatz solcher Art formuliere. Der irreale Konditionalsatz ist dann übersetzbar: »Wenn dies alles gilt, und die Ausgangsvoraussetzung (Fehlermeldung) eintrifft, dann wird die Havarie vermieden«. Aber wie groß soll man den Kreis dieser Zusatzbedingungen ziehen? Jedenfalls müssen die Bedingungen gesetzesartige Aussagen beinhalten; dabei können aber aus logischen und erkenntnistheoretischen Gründen nicht alle als wahr unterstellten Sätze über die Welt gemeint sein. (In allen wahren Sätzen wäre die jeweilige Ausgangsbedingung enthalten; wird zugleich unterstellt, dass diese nicht erfüllt sein könnte, können wir die Regel »ex falso quodlibet« anwenden.) Wo soll man also die Grenze für die Relevanz von Zusatzbedingungen ziehen?

Einige Sprachphilosophen suchen eine Lösung dahin gehend, dass die Betrachtung auf *mögliche Welten* ausgedehnt wird: Das Verhalten eines Gegenstandes oder Menschen ist nur begrenzt auf reale Bedingungen hin überprüfbar; Dispositionen sollen hingegen Eigenschaften sein, die jenen Gegenständen auch unter veränderten Bedingungen in Kontexten zukommen, die den manifesten Kontexten *»verwandt«* bzw. ihnen *»ähnlich«* sind. Somit sollen Dispositionen als Implikationsbeziehungen in *allen* solcherlei möglichen Welten modellierbar sein. Damit verlagert sich das Problem auf die Beurteilung des Verwandtschaftsgrades der möglichen Welten untereinander, *auf dessen Basis ja die nichtrelevanten Faktoren, eben weil sie die Verwandtschaft nicht begründen,* ausgeklammert werden sollen. Somit ist das erkenntnistheoretische Problem der Grenzziehung nicht aus der Welt.

An diesem Punkt angelangt, haben andere Philosophen die Möglichkeit, logisches Schließen hier überhaupt in Anschlag zu bringen, endgültig verabschiedet; Rescher spricht von »hypothetischem Räsonieren« in der Form »dialektischen Argumentierens« (1961), Mackie von »unvollständiger Argumentation« (1962, 1965), von Wright von »bedingten *Behauptungen*«, also *Handlungen,* die in ihrer Begründung sich nicht auf die Wahrheit der in der Begründung vorkommenden Aussagen reduzieren lassen, sondern eben auch auf die Intentionen (1957).

Im Blick auf die Problemgeschichte wird ersichtlich, dass die Versuche, Dispositionsprädikate im strengen Sinne zu operationalisieren, gescheitert sind oder im Zuge ihrer ständigen Verbesserung immer mehr »lose Enden« aufweisen, die uns in den *Pragmatismus* führen – Pragmatismus gefasst als diejenige Haltung, die die entsprechenden Probleme unter *praktischen* Kriterien lösen will. Basis der Rechtfertigung ist dann eine *Anerkennung* der Relevanz von Bedingungen, eine Anerkennung, die aber *ihrerseits dispositionellen Charakter* hat, als unterstellte oder mögliche oder einzufordernde. Denn in vielen Fällen validiert nicht vorliegende faktische Anerkennung (Akzeptanz) die Entscheidungen, die den Einsatz bestimmter Dispositionsprädikate als »selbstverständlich« erscheinen lassen, sondern eine in Expertendiskursen befürwortete Anerkennung (»Akzeptabilität«). *Akzeptabilität ist aber ihrerseits ein Dispositionsprädikat.* Wir sind also auf die praktische Begründung zurückverwiesen: Kompetenzen als Dispositionen sind diejenigen Fähigkeiten, die in einer Lebensform als sinnvoll unterstellt werden.

Die hier referierten Hinweise auf die Schwierigkeit, Fähigkeiten operativ zu erfassen, betreffen das gesamte Testgeschehen im Felde der durch Leistungstests zu eruierenden kognitiven Fähigkeiten. Die elaborierten Testverfahren, mittels derer Intelligenz oder schulische Leistungsfähigkeit erfasst werden soll, testen tatsächlich erbrachte Leistungen unter standardisierten Vorgaben. Dass bestimmte Probleme gelöst wurden, verweist darauf, dass ein Wissen über Lösungswege und -mittel (als Bestand) sowie die Fähigkeit, diese Wege zu gehen bzw. die Mittel einzusetzen, vorhanden war. Wie verhält es sich jedoch im negativen Fall? Inwieweit erlaubt eine Nichtaktualisierung, eine nicht stattfindende Verwirklichung den Rückschluss auf das Nichtvorliegen einer Möglichkeit? Erst recht, wenn diese – wie verschiedentlich für »Intelligenz« angeführt – als eine zu entfaltende erbliche »Anlage« begriffen wird? Es müsste – mit Goodman (siehe oben) – ein pragmatischer Kontext gesichert sein, der Randbedingungen, die möglicherweise die Verwirklichung verhindern, ausschließt. Randbedingungen, zum Beispiel Sozialisation und ökonomische Bedingungen betreffend, die eine Entfaltung hin zur Aktualisierung befördern oder verhindern, müssten homogen sein bzw. gehalten werden, um Unterschiede in den Fähigkeiten feststellbar zu machen. A limine betrifft dies die kulturellen Verhältnisse insgesamt mit ihrer Verfasstheit in materialen, epistemischen und normativen Schemata (Dispositive), innerhalb derer jegliches Handeln (auch und gerade dasjenige des Problemlösens) sich zu orientieren vermag. Regionale Gefälle in den Ergebnissen von IQ- und PISA-Leistungstests dürfen daher nicht unvermittelt den Rückschluss auf Fähigkeiten begründen, sondern erlauben – in gleich unsicherer, weil bloß abduktiver Weise – ebenso Rückschlüsse auf Randbedingungen und ihre Verhärtung in Schemata, die die Habitualisierung eines Könnens (»Kompetenz«) verhindern.

Ferner: Wie verhält es sich mit der Rückführung auf *selbstbewusst* eingesetzte Fähigkeiten als Bildungsziel eines Sich-Bildens (siehe oben) im Unterschied zum Erfolg, der auf gelungene Abrichtung, Ausbildung im eigentlichen Sinne, bloß eingeübte, geschickte Reaktion zurückzuführen wäre? Die bloße Leistungserbringung gibt per se über diesen Unterschied keine Auskunft. (Einstein war ein schlechter Schüler und galt lange Zeit als eher mäßig »intelligent«.) Solcherlei soll das Testgeschehen nicht relativieren – was bleibt uns anderes? Aber es verweist auf die Rechtfertigungslast der Teststrategien, die nicht mit Blick auf empirische Ergebnisse abgebaut werden kann, auch nicht unter Verweis auf beeindruckende Korrelationen zwischen IQ- und Schultests.

Wenn der Sinn von Testverfahren an den Sinn konkreter Bildungsziele im Wechselspiel mit kulturellen Schemata (innerhalb derer das »Training« stattfindet), und deren beider Sinn an die (abendländische?) »Kulturidee« der Entwicklung von Selbständigkeit gebunden scheint, so mag es wiederum einsichtig sein, denjenigen Wissenschaften, die sich mit dem Sinn menschlicher Hervorbringungen beschäftigen, den Geistes- bzw. (mit Ernst Cassirer) den Kulturwissenschaften, die Aufgabe zuzuweisen, hier die Wortführerschaft zu übernehmen. Mit der Zuweisung dieser Aufgabe entspräche man der eingangs bereits erwähnten verbreiteten Haltung von Vertretern dieser Fächer, den Bildungsprozess als ihr ureigenes Kerngeschäft zu erachten. Jenseits abfragbarer Wissensbestände und testbarer material-, intellektual- und sozialtechnischer Fertigkeiten sei die eigentliche »Bildung« ihre Domäne in Gestalt korrektiver, orientierender, kritischer Befassung mit Sinn-Fragen. Also doch zurück in Schwanitz' »Land der Bildung«? Abschließend soll daher die Frage nach der Rolle der Geisteswissenschaften im Bildungsprozess erneut gestellt werden.

Die Rolle der Geisteswissenschaften im Bildungsprozess

Kompensation und Orientierung

Zwei einflussreiche Kulturphilosophen, Odo Marquard (1986) und Hermann Lübbe (1990), haben die Geisteswissenschaften neu bewertet, indem sie ihnen eine neue Funktion im Bildungsgeschehen in der technologischen Kultur zuzuweisen suchten. Angesichts bestimmter Einschränkungen, welche aus unserer technologischen Kultur resultieren, sieht Odo Marquard die Aufgabe der Geisteswissenschaften in einer *Kompensation* dieser Defizite. Im Blick auf die Homogenisierung unserer technisch geprägten Lebenswelt, die Normierung der Gegenstände und die Standardisierung von Abläufen und den damit verbundenen Erfahrungen sieht er die Funktion der Geisteswissenschaften darin, dass durch die Vermittlung und Aufarbeitung von historisch und räumlich fremden Kulturzeugnissen eine »Ersatzlebenserfahrung« vermittelt wird, welche unsere eingeschränkte persönliche Erfahrung ergänzt und dadurch kompensiert. Ferner führe die Konfrontation mit dem Überraschenden und Fremden zu einer Sensibilisierung für neue Erfahrungen und eine differenziertere Wahrnehmung. Unser Horizont werde erweitert, und insbesondere die Vorstellung alternativer Haltungen, Rollenwahrnehmungen, Lebensstile etc., wie sie in den Kulturzeugnissen zum Ausdruck kommen, führe zu einer Vielfalt von Angeboten zur Bildung persönlicher Identität und somit zu einer Erweiterung des Vorstellungshorizontes für eigene Lebensentwürfe. Zu fragen ist allerdings, ob eine solche Kompensation, welche durch den Umgang mit Texten erfolgt und gewissermaßen abgekoppelt ist von den Abläufen und Sachzwängen einer technologischen Kultur, tatsächlich die Leistung erbringen kann, die ihr zugeschrieben wird. Allgemeiner: Ob Defizite, welche in einem Handlungsfeld entstehen, durch Effekte kompensiert werden können, welche auf einem ganz anderen Terrain gewonnen werden, und sich dadurch nicht eine unglückliche »Arbeitsteilung« zu etablieren droht, nämlich zwischen der nüchternen Realität unseres technisch-wirtschaftlich geprägten Alltags einerseits und schöngeistiger Freizeitbeschäftigung andererseits. Vertieft dieses Kompensationskonzept nicht eher die Kluft zwischen den beiden Kulturen, der naturwissenschaftlich-technischen und der geisteswissenschaftlichen?

Hermann Lübbe hingegen charakterisiert die neue Funktion der Geisteswissenschaften in anderer Weise. Sein Befund der gegenwärtigen Problemlage stellt ebenfalls charakteristische Mängel technischer Zivilisation heraus, insbesondere die drohenden Verluste von Bindungen und damit verbundener *Orientierung*. Angesichts einer sich selbst immer weiter beschleunigenden Dynamik der technischen und sozialen Entwicklung, einer »Gegenwartsschrumpfung« zugunsten einer immer stärkeren Ausrichtung auf unmittelbar bevorstehende, radikal veränderte Zukünfte, verbunden mit erhöhter Flexibilität, Mobilität und Planungsunsicherheit, sieht er die Leistung der Geisteswissenschaften darin, dass sie eine neue Orientierung verschaffen. Indem sie Vergangenes vergegenwärtigen – so ist die Musealisierung der Vergangenheit nicht zufällig gleichzeitig entstanden mit den Entwicklungsschüben der industriellen Revolutionen –, bewahren die Geisteswissenschaften diejenigen Traditionen, die verloren zu gehen drohen; sie pflegen die Bindungen zu Normen, Religion, Herkunftsorten (Heimat) und Weisen natürlicher Kommunikation, treten also als Erinnerungsinstanz und Anwalt einer Orientierung auf die Wurzeln unserer Herkunft auf. Dadurch verschaffen sie Identität. Allerdings bleibt zu fragen, ob angesichts des Aufeinanderprallens von Kulturen im Zeitalter der Globalisierung sowie konfligierenden Traditionen und Moralen die geforderte Orientierung überhaupt noch gegeben werden kann und nicht ihre Proklamation ins Leere läuft. Als wenn Orientierung überhaupt gegeben werden könnte, und man doch nicht eher, wie Immanuel Kant es formulierte, *sich selbst zu orientieren habe.* Insofern vermögen Geisteswissenschaften allenfalls Angebote zu erbringen und es ist zu fragen, wer diese Angebote wie aufnehmen soll. Denn mit dem Angebotscharakter von Traditionen und Normen als Orientierungskandidaten wird gerade die Auflösung ihres Geltungsanspruches suggeriert, bestärkt durch einen historischen, soziologischen, psychologischen und sprachkritischen Relativismus, wie er in den Geisteswissenschaften Einzug gehalten hat.

Die geschilderten Versuche einer Funktionszuweisung für die Kulturwissenschaften können sich insofern als Bumerang erweisen, als im Feld der technischen Zivilisation und ihrer Wissenschaften die Defizite durchaus erkannt sind und gerade *innerhalb* dieses Bereiches Kompensations- und Orientierungsleistungen gesucht und erbracht werden, die dann umso mehr die Kulturwissenschaften überflüssig erscheinen lassen könnten. Die Ingenieurwissenschaften können inzwischen mit der Antwort aus der Geschichte von dem Hasen und dem Igel aufwarten: »Ich bin schon da.«

So wird die Beschränktheit individueller Lebenserfahrung in einer arbeitsteiligen technologischen Kultur dadurch kompensiert, dass große Anstrengungen unternommen werden zur Erstellung von Szenarien und Simulationen, in denen komplexe Handlungsabläufe (auch zukünftige) vorstellbar gemacht werden sollen und in denen die für die einzelnen nur noch indirekt zugänglichen Realitätsausschnitte größeren Zusammenhangs modelliert werden. An der Erstellung solcher Szenarien einer durch Techniknutzung und Wertewandel veränderten Lebenswelt wirken – gerade auch in den großen Unternehmen – Kulturwissenschaftlerinnen und -wissenschaftler mit. Szenarien und Simulationen sind doch gerade »Ersatzlebenserfahrung« (Marquard). Ferner sollen Sensibilisierung und Horizonterweiterung realisiert werden über Selbsterfahrungsübungen und Kreativitätstraining, und schließlich basieren die in immer höherem Ausmaß vollzogenen Technikbewertungen auf immer umfassenderen Wertkatalogen, deren Elemente in einen Abgleich gebracht werden sollen. Eine im Entstehen begriffene Diskurskultur soll unterschiedliche Perspektiven und unterschiedliche subjektive Einschätzungen zusammenführen – all dies kompensiert *innerhalb* des problematisch gewordenen Terrains dessen Defizite.

Ferner wird der erkannten Gefahr von *Orientierungsverlusten* dadurch begegnet, dass eine bewusste Pflege von Corporate Identity angesichts eines sich immer schneller verändernden Umfeldes Zugehörigkeit (und strategisches Planen aus dieser Position heraus) ermöglichen soll. Kodizes von Firmen und technisch-wissenschaftlichen Fachverbänden sollen moralische Bindungen gewährleisten, auf deren Basis in Konfliktfällen Entscheidungen gerechtfertigt und für die Entscheider abgesichert werden. Die auf allen Ebenen – vom politischen bis in den subpolitischen Bereich hinein – geführte Leitbilddiskussion verbindet Wunschvisionen mit Machbarkeitsprojektionen (Dierkes, Hoffmann u. Marz, 1992). Dadurch wird eine rationale Auseinandersetzung mit Orientierungsangeboten in Abhängigkeit von konkreten Problemstellungen und klar modellierten Lösungsoptionen ermöglicht. Auch hier scheinen die Aktivitäten im technisch-wirtschaftlichen Bereich der geisteswissenschaftlichen Funktionszuweisung »Orientierung« das Wasser abzugraben.

Die Rolle der Reflexion

Betrachten wir nochmals die im technisch-wirtschaftlichen Bereich vollzogenen Kompensations- und Orientierungsmaßnahmen, so wird ersichtlich, dass diese ausnahmslos strategisch ausgerichtet sind. Auf diesem Felde können Kulturwissenschaften mit ihren Leistungsangeboten nicht mit den Technik- und Naturwissenschaften konkurrieren. Ihr spezifisch funktionaler Beitrag besteht allerdings in einer unverzichtbaren Leistung, die gerade deshalb von höchster Funktionalität ist, weil sie – scheinbar paradox – nicht strategisch ausgerichtet ist. Sie liegt in der Leistung zur *Reflexion* als Basis der *Kompetenzerweiterung*. Beides stellt eine »Hintergrunderfüllung« (Arnold Gehlen) dar, welche strategisches Agieren allererst ermöglicht. Mit »Reflexion« wird oft die Vorstellung eines gleichsam verspäteten Nach-Denkens verbunden. So heißt es bei Georg Wilhelm Friedrich Hegel, dass die Eule der Minerva (der weisen Athene) erst in der Dämmerung fliege, also wenn alles vorbei ist. Und in Anspielung auf dieses Diktum hat Jürgen Mittelstraß (1989) gefordert, dass doch die Eule der Minerva in höherem

Maße ihre Flugzeiten in die Morgendämmerung verlegen solle. Dieses Bild halte ich für gänzlich verfehlt, und zwar deshalb, weil – wie zu zeigen ist – durch ein Nach-Denken erhebliche Vorleistungen für ein Vor-Denken erbracht werden. Dies ist gerade die Pointe von Reflexion und einem reflektierenden Nach-Sinnen, dass eben durch dieses Restriktionen erkannt und – wie es Ingenieure ausdrücken würden – neue Suchräume eröffnet werden. Wilhelm Dilthey hat dies einmal so formuliert, dass die reflektierenden Geisteswissenschaften zu einer »Wiedererschließung von Möglichkeiten führen, welche in der realen Determination unserer Alltagswelt verloren zu gehen drohen« (Dilthey, 1958, S. 215f.). Wie sieht diese »Wiedererschließung« aus? Wir folgen hierbei der Modellierung des Reflexionsprozesses durch Hegel: Jegliches Reflektieren setzt an bei der »Wesensfrage«. In bestimmten Situationen der Erfahrung von Unzulänglichkeit stellt man sich die »Was-ist-überhaupt«-Frage: Was ist Fortschritt, was ist Gesundheit, was ist Wohnlichkeit, was ist Stadt, was heißt Kommunikation, was heißt Umweltverträglichkeit, was heißt Zukunftsfähigkeit, was heißt Nachhaltigkeit? Sobald diese Frage riskiert ist – die sogenannte Grundsatzfrage – erfolgt unmittelbar eine Konfrontation mit den unterschiedlichsten Antworten. Es erfolgt eine Konfrontation mit dem Pluralismus unterschiedlichster »Setzungen« (die Kontroversen um das Leitbild Nachhaltigkeit belegen dies eindrucksvoll). Es entsteht somit Orientierungsunsicherheit in höchstem Maße. Dadurch wird der Frager mit der Notwendigkeit konfrontiert, sich seinerseits festzulegen und in dem pluralen Angebot sich selbst zu bestimmen. Es wird somit ersichtlich, dass dasjenige, was vor dem Reflexionsprozess eher implizit, selbstverständlich, gleichmütig und gewohnheitsmäßig erfolgt ist, nun einer nachträglichen – und insofern vorträglichen bzw. vorsätzlichen – Entscheidung bedarf. Das Entscheiden selbst mit seinen Höhen und Tiefen wird bewusst gemacht und kann deshalb seinerseits zum Gegenstand neuer Überlegungen werden. Das klingt noch sehr nach einer funktionalen, effektivitätsorientierten Ausrichtung geisteswissenschaftlicher Reflexion. Kann sie sich denn tatsächlich in einer Beschäftigung mit kulturellem Wissen über Kunst, Literatur und Ideengeschichte wiederfinden, zum Beispiel einer Beschäftigung mit dem Schönen (und Hässlichen)? In der Auseinandersetzung mit Konzepten des Schönen wird aber gerade ersichtlich, wie sich hier Ansprüche und Ideen des Vollkommenen, des Guten, aber auch des Scheiterns und Unbefriedigtseins, ausdrücken, welche eine Stellungnahme erzwingen. Dies ist ein wesentliches Konstituens von Bildung als Sich-Bilden, als Prozess, nicht als Resultat.

Die Horizonterweiterung wird nicht dadurch bewirkt, dass einfach zusätzliche Handlungsoptionen ins Sichtfeld geraten, sondern sie wird dadurch bewirkt, dass der Horizont unserer Überlegungen erweitert wird im Sinne einer Rückbeziehung auf die Wurzeln des Entscheidens überhaupt. Was sind aber diese Wurzeln? Es sind die elementaren Problemlagen unter Orientierung am guten Leben, welche oftmals deshalb in Vergessenheit geraten, weil man nur noch über die gegebenen Lösungsoptionen nachdenkt. Es findet also im Reflektieren so etwas wie eine *Problemrückverschiebung* statt, eine Selbstvergewisserung über das, was uns überhaupt antreibt, beständig nach Lösungen zu suchen: letztlich die Idee eines *selbstbestimmten* guten Lebens im Unterschied zu tradierten Aufgabe-Lösung-Konnexen. Und gerade solcherlei führt dazu, dass der Suchraum eröffnet wird nicht durch bloße Ergänzung von Handlungsoptionen, sondern auf dem Umweg über eine neue Vergewisserung über die elementaren Problemlagen. Zeugnisse für eine solche, durch Reflexion bewirkte Horizonterweiterung sind die Prozesse des Wertewandels und des Leitbildwandels, wie wir sie gegenwärtig beobachten können. Hierzu zunächst einige elementare Beispiele: Überlegungen zur Energie*bereitstellung* richten sich angesichts der Angebote ihrer mehr oder minder umweltunverträglichen Strategien zurück auf die Problemwurzel, dass wir Energie*dienstleistungen* (Wärme, Lichte, Mobilität etc.) benötigen, was wiederum den Suchraum eröffnet für ein wesentlich breiteres Spektrum von Lösungsstrategien, welches sich von neuen baulichen Maßnahmen bis hin zur Veränderung und Neuorganisation lebensweltlicher Abläufe erstreckt. Analog richtet sich die Überlegung von den Strategien einer optimalen Gewährleistung von Mobilität zurück zu den qualitativen Problemstellungen, welche überhaupt den Mobilitätsbedarf erzeugen und eröffnen neue Suchräume im Blick auf Mobilitäts- und Kommunikationsalternativen, und entsprechend richtet sich der Blick zurück von den Strategien der Entsorgung auf diejenigen der Vermeidung von »Müll« im weitesten Sinne, anders formuliert: der Gewährleistung optimaler Güterversorgung unter einem Minimum von Verpackungs- und Konservierungsaufwand sowie Emissionen welcher Art auch immer. Fragen einer Optimierung der Logistik und des Zeitmanagements werden zu Fragen einer Auffassung und eines Umgangs mit Zeit, welcher die Basis dafür bereit stellt, dass qualitativ hochwertige und kreative nachhaltige Leistungen erbracht, und nicht bloß »Zeitlimits« eingehalten werden etc. Allgemeiner: Der Blick wendet sich zurück von einer technischen Zivilisation – gefasst als Arsenal von *Mitteln* – auf diejenige Dimension, die man als »Medialität« bezeichnen kann, und die alles umfasst, was uns unsere theoretische und praktische Welterschließung *ermöglicht:* Regel- und Zeichensysteme sowohl in ihrer ideellen als auch technisch realisierten Gestalt, die hierdurch gegebenen Möglichkeiten von Motivation, Zweckfindung und Mitteleinsatz, schließlich des Gelingens oder Scheiterns, wie es sich dann in einer Beschäftigung mit einschlägigen Texten zeigt – in den hieraus resultierenden Kulturgeschichten etwa der Landschaft, des Reisens, der Zeit.

Die Eröffnung neuer Suchräume, die durch Reflexionsleistungen unterschiedlichster Art provoziert wird – und diese Provokationsfunktion ist gerade ein spezieller Zug geisteswissenschaftlicher Reflexion – ist also eine neue Art der »Angebotsorientierung« im Gegensatz zum *nachfrage*orientierten Problemlösen vieler angewandt-technischer Disziplinen. Dies greift auch auf Disziplinen an der Grenze zwischen Kultur- und Ingenieurwissenschaften über: Stadtgestaltung und Raumplanung reflektieren Fragen nach Urbanität überhaupt; die Arbeit an Übersetzungsmaschinen angesichts ihrer Schwierigkeiten wird begleitet durch Reflexion auf die verschiedensten kommunikativen Funktionen überhaupt etc. Kurz: Der Beitrag der Geisteswissenschaften zum Bildungsprozess liegt darin, dass über die großen Werke das Anders-sein-Können von Ideen und Vorgaben sowie das Anders-sein-Können einer gelingenden Auseinandersetzung mit und eines Abarbeitens an diesen Vorgaben bewusst wird. Eine Alterität von Wissen und Können stellt Optionen vor, die einen Horizont des Problemlösens eröffnen, der demjenigen verschlossen bleibt, der auf seinen Standpunkt fixiert und damit vom Stand seines Wissens und Könnens abhängig ist. »Ein Standpunkt ist ein Horizont vom Radius Null« (David Hilbert).

Geisteswissenschaftliche Tätigkeit und ihr Vorführen sowie Einüben im Unterricht der geisteswissenschaftlichen Fächer unterstützen ein Sich-Bilden, wie es Hegel in abstrakter Form als Reflexionsprozess vorgestellt hat. Alleingelassen, würde Geisteswissenschaft zum Glasperlenspiel in der Welt menschlicher Ideen und bedarf daher der Arbeit, die Erfahrungen zeitigt. Würde diese ihrerseits allein auf sich gestellt, verkäme sie zum bloßen Problemlösen, welches die Frage zu stellen vergisst, warum das Problem überhaupt ein Problem ist. Die Aversion vieler Schüler gegen die Beschäftigung mit historischen Texten einerseits, die Distanz zu naturwissenschaftlich-technischen Fragestellungen andererseits führt – ex negativo – vor, dass Bildung nur in der Spannung zwischen Ideen und dem Abarbeiten an Gegenständen sich zu entfalten vermag. Sonst bleibt der Bereich der Texte im weitesten Sinne als Inbegriff sinnhafter menschlicher Gebilde ein Feld verlorener Verständlichkeit, zu dem die Auseinandersetzung der Motivation entbehrt, und die Arbeit wird zu einem Geschäft trügerischer Selbstverständlichkeit, in der keine Fragen mehr gestellt werden. Beides blockiert, allein gelassen, Bildung. In wechselseitiger Anerkennung beider Seiten wird der Bildungsprozess initiiert.

Heiner Rindermann

Bildung und Kompetenz als bürgerliches Phänomen

Was versteht die Psychologie – aufgefasst als Sozialwissenschaft, die neben der individuellen Perspektive auch die gesellschaftliche beachtet – unter Bildung und Kompetenz und als prominentester der Kompetenzen, unter Intelligenz? Woher stammen die Begriffe, was sind förderliche Entwicklungsbedingungen und was könnten Folgen von Bildung und Kompetenz für Individuen und Gesellschaften sein? Der folgende Text versucht auf diese Fragen Antworten zu finden.

Bildung als Wissensinhalte, Kompetenzen und Einstellungen

Definitionen (Kompetenzen und Verwandtes)

Forschung ist angewiesen auf die Explizierung von Begriffen und daran sich anschließend deren konsistenten Gebrauch. Deshalb werden hier zunächst die wichtigsten Begriffe definiert:

Unter *Kompetenzen* (gleich: Fähigkeiten) werden nach Inhaltsbereich (kognitiv, sozial, emotional, motorisch etc.; vgl. Weinert, 2001; Rindermann, 2009a) unterschiedene Leistungsvoraussetzungen subsumiert. Sie stellen personenbezogene Merkmale dar, die sich in konkreten *Leistungen* niederschlagen und aus diesen situationsübergreifend erschlossen werden. Unter *kognitiven Kompetenzen* werden nach Komplexität, Inhalt, Operationen und Performanznähe unterschiedliche Leistungsvoraussetzungen verstanden, die zur Lösung von mentalen Aufgaben, etwa von Alltagsproblemen oder Problemlöseaufgaben, notwendig sind, zum Beispiel für Lesen eines Textes, Verständnis abstrakter Begriffe, Schlussfolgerung aus Erfahrungen, Erwerb und Anwendung von Wissen, Teilnahme am Straßenverkehr, Umgang mit Technik, Entscheidung über den Kauf einer Ware, Koordination von Einnahmen und Ausgaben, Vergleich zwischen Parteien vor einer Wahl, gesundheitsbewusste Lebensführung, Verstehen und Beeinflussen des Verhaltens anderer. Es sind *Fähigkeiten,* nicht Motivationen, Einstellungen oder Charakterzüge, auch wenn diese in bestimmter Ausprägung zu erfolgreichem Problemlösen beitragen, es sind *kognitive,* also erkenntnisfördernde, erkenntniseinsetzende, verstehende, urteilende, nicht rein wahrnehmende oder physische Fähigkeiten.

In der Psychologie wird eine Vielzahl von allgemeinen und speziellen Kompetenzen unterschieden, etwa soziale, emotionale, motorische, einzelne berufliche wie des Unterrichtens usw. Zum Teil werden unter Kompetenzen auch Motivationen und Einstellungen, manchmal gar Umweltmerkmale und Ähnliches gefasst (siehe Übersicht von Weinert, 2001; Erpendeck u. Rosenstiel, 2007). Aus Gründen begrifflicher Eindeutigkeit sollten aber nur Leistungsdispositionen als Fähigkeiten unter Kompetenzen gefasst werden. Selbstverständlich sind aber *Persönlichkeits-* und *Umweltmerkmale* wichtig für eine längerfristige Kompetenzentwicklung, für den momentanen Einsatz von Kompetenzen und für das Erreichen von Leistungszielen (Rindermann, 2009a, 2009c; Heller u. Rindermann, 2010): Prüfungsängstlichkeit etwa beeinträchtigt über die Vermeidung von Lernsituationen die Kompetenzentwicklung, mangelndes Interesse an einer mathematischen Knobelaufgabe führt nicht zum Einsatz von Intelligenz und hohes Selbstvertrauen fördert Ausdauer auch bei schwierigen Aufgaben.

Leistungen sind die erzielten einzelnen, zunächst situations- und zeitspezifischen Ergebnisse; beispielsweise in verschiedenen Schulfächern und in sportlichen Wettkämpfen, oder das Beherrschen und Spielen eines Musikinstrumentes. Die Begriffe Kompetenz und Leistung sind empirisch nicht exakt abgrenzbar, so ist in Intelligenztests selbstverständlich auch Leistung gefragt. Beide Begriffe stehen für normativ positiv besetzte Phänomene. Mit dem

Begriff Performanz ist meist der Ausdruck oder die Anwendung von Fähigkeiten in *lebensweltlich relevanten* Situationen gemeint, etwa in der Schule oder allgemeiner in Ausbildungssituationen, beim Lernen, im Wissenserwerb und in Prüfungen, in der beruflichen Tätigkeit oder in Anforderungssituationen des Alltagslebens wie in Gesprächen oder bei Nutzung technischer Geräte.

Im Zentrum der Kompetenzkonzepte steht die *Intelligenz:* die Fähigkeit zum *denkgestützten Lösen von Aufgaben und Problemen* in Situationen, die für die Person *neu* und nicht allein durch simplen Wissensabruf erfolgreich bearbeitbar sind, die Fähigkeit zum induktiv und deduktiv-logisch *schlussfolgernden Denken,* die Fähigkeit zum *abstrakten Denken* (einschließlich Begriffsbildung) und die Fähigkeit zu *Verständnis* und *Einsicht* – zum *Erkennen* und zur *Herstellung* von Strukturen, Beziehungen, Sinnzusammenhängen und Bedeutungen. Kurz: Intelligenz ist die *Fähigkeit zum Denken* (vgl. Rindermann, 2004, 2006b, 2007b, 2007c). Intelligenz steht im Zentrum, weil es zu dieser unter diesem oder unter anderen Namen die umfangreichste Forschungstradition unterschiedlicher Paradigmen gibt, weil Intelligenz einen wichtigen Indikator gelingender Entwicklungsprozesse darstellt, weil sie relevant für individuelles und gesellschaftliches Gelingen ist (im technischen und nichttechnischen Sinne, etwa Wohlstand und Moral) und weil sie ein wichtiger Begriff innerhalb der okzidentalen Geistesgeschichte darstellt.

Der Begriff »Intelligenz« lässt sich vom lateinischen Substantiv *intellegentia* ableiten, das drei Bedeutungsschattierungen aufweist, 1. generelles Denkvermögen »Verstand, Einsicht, Erkenntnisvermögen«, 2. wissensnahe »Kenntnis, Kennerschaft und Geschmack« und 3. epistemische Abstrakta »Begriff, Vorstellung, Idee«. Das diesem Substantiv zugrunde liegende Verb *intellegere* wurde in der Bedeutung von »mit Sinn und Verstand wahrnehmen, erkennen, verstehen, Einsicht gewinnen, einsehen, begreifen, denken, richtig beurteilen« verwendet, wortursprünglich (*inter* für »zwischen und unter«; *legere* für »auslesen, sammeln, auswählen und lesen«) »dazwischen wählen, durch kritische Auswahl charakteristische Merkmale einer Sache erkennen«. *Legere* geht schließlich auf λεγειν (griech. »auflesen, sammeln, reden, sprechen, dazuzählen, erklären«) zurück, λογος (»Vernunft, Sprechen, Wort, Rechnen, Denkkraft«) entstammt der gleichen Wortfamilie.

Intelligenz ist ein in der okzidentalen Geistesgeschichte lange und häufig benutzter Begriff. So wird er schon in der Scholastik verwendet – bei Thomas von Aquin bzw. in dessen Umfeld (1951/1273, S. 859) –, er war aber nicht nur auf Denkfähigkeit bezogen, sondern auch auf zwischen Gott und der Welt vermittelnde Entitäten (Mojsisch, 1991). Eindeutiger ist der Gebrauch in der Aufklärung, etwa bei Condorcet (1963/1794, S. 252, frz. »intelligence«). Hegel (1970/1822, S. 161) versteht Intelligenz explizit als Denken (»was Intelligenz, was Denken ist«).

Im Umfeld der Intelligenz gibt es eine Reihe anderer Begriffe, die für elementare(re) Prozesse (Wahrnehmung, Informationsverarbeitungsgeschwindigkeit, Konzentrationsfähigkeit, Arbeitsgedächtniskapazität), für etwas Ähnliches (Problemlösen, Metakognition) oder Verwandtes (Lernkompetenz, Humankapital, Gedächtnis, Einfallsreichtum, Kreativität, Expertise) stehen. Kategorial unterschieden werden Wissen, Rationalität und Reflexion:

Als *Wissen* wird ein durch Lernen erworbener deklarativer und prozeduraler domänenspezifischer Inhalt des Gedächtnisses bezeichnet. Unter Domänenspezifität wird verstanden, dass Wissen für bestimmte Inhaltsbereiche, etwa Mathematik oder Geschichte, spezifisch ist. Neben semantischem Wissen und Erinnerungen an biographische Episoden (deklarativ) fasst man oft auch erworbene Fertigkeiten und Regelwissen unter Wissen (prozedural). Werden aber Regelwissen und Fertigkeiten unter prozeduralem Wissen subsumiert, so wird schnell eine definitorische Schwierigkeit offensichtlich: Wenn Regelbeherrschung und Fertigkeiten dem Wissen zugerechnet werden, warum dann nicht auch Fähigkeiten wie die der Intelligenz? Gleiches gilt, wenn wie durch Cattell (1987) unter einem Intelligenzbegriff (»kristalline Intelligenz«) auch Wissen und Wissensanwendung unter Intelligenz verstanden werden. Ein ähnliches Problem liegt bei den meisten Intelligenz- und Schulleistungstests vor: Aufgaben, die durch Denken, und solche, die durch Wissen lösbar sind, sind miteinander vermischt. Neben konzeptueller und diagnostischer Ähnlichkeit erweist sich als weitere Gemeinsamkeit von Intelligenz und Wissen ihre Abhängigkeit von ähnlichen Entwicklungsbedingungen (Bildung, Erziehung). In der Regel ist es auch so, dass Schüler, die in einem Fach gut sind, dies auch in einem anderen sind (z. B. Deutsch und Mathematik r=.39,

Englisch und Physik r=.46, Latein und Biologie r=.51, Geschichte und Chemie r=.52; Heller, 2002). Intelligenz und Wissen stellen somit hochgradig sich überlappende kognitive Fähigkeitskonstrukte dar. Folgende Position soll hier nun vertreten werden: Reiner Wissensabruf ist nicht Denken bzw. Intelligenz. Wer die Antwort auf die Frage »Wer war der erste deutsche Bundeskanzler?« weiß, ist deshalb nicht intelligent. Allerdings gehören zur Intelligenz auch Wissenssuche, Wissenserwerb und Wissensverwendung. Zwischen Denken und bloßem Wissensabruf besteht eine Übergangszone, so wäre etwa die Antwort auf die Frage »Wer war der vierte deutsche Bundeskanzler?« schon etwas intelligenzbezogener, da eine Reihenfolge erstellt und gezählt werden muss. Wissen ist hinsichtlich seiner Wahrheit, Bedeutung und Funktionalität zu bewerten.

Kognitive Kompetenz wäre nun der Dachbegriff für all diese mentalen Kompetenzen. Der »*g*-Faktor« ist ein statistischer Ausdruck ihrer (der erste unrotierte Faktor und Einzeltests gemäß ihrer Ladungen auf diesem gewichtet; Jensen, 1998). Intelligenz und Wissen lassen sich im Begriff »Denkwissensfähigkeit« zusammenfassen (vgl. Rindermann, 2006b). Diese wird durch Intelligenztests (mit Wissensinhalten) und Schulleistungstests (solange sie nicht nur Wissensabruffragen stellten) gemessen.

Rationalität und *Reflexion* werden in der psychometrischen Tradition der Psychologie nicht untersucht. Rationalität wird eher in der *Allgemeinen Psychologie*, der *Evolutionären Psychologie* oder in *Wirtschaftswissenschaften* thematisiert (z. B. Gigerenzer, 2000). Für *subjektwissenschaftliche Richtungen* (Groeben, 1986; Schreier u. Groeben, 1999) dienen die Begriffe Rationalität und Reflexion als Forschungsgegenstand und zugleich als normative Orientierung für wissenschaftliche Arbeit und gegenstandskonstituierende, anthropologische Annahmen der Psychologie. Rationalität ist damit ein explizit normativer Begriff. Unter *Rationalität* wird hier nun eine explizit normative Dimension richtigen Denkens und Handelns in Einheit verstanden, eine Fähigkeit und Bereitschaft, das eigene und fremde Denken und Handeln auf Wahrheit und Funktionalität hin zu orientieren: Probleme werden als kognitiv lösbare Fragestellungen und nicht als durch Intuition oder Übernahme traditioneller Antworten abkürzbare Fragen, als durch Gewalt, autoritative Entscheidung oder durch Zwangsmaßnahmen zu bewältigende Hindernisse aufgefasst. Das eigene Denken und Handeln und ihre Ziele werden unter den Vorbehalt notwendiger Richtigkeit, Begründung und Argumentation gestellt und sind prinzipiell durch Hinweis auf diese und überzeugendere Alternativen einer Änderung möglich (vgl. Kant, 1958/1786, S. 281: »Freiheit im Denken bedeutet auch die Unterwerfung der Vernunft unter keine andere Gesetze, als: die sie sich selbst gibt.«) Rationalität fordert den Einsatz von Denken und Wissen zur Lösung von Problemen. *Reflexion* setzt mit dem Fragen und dem Bemerken eines fehlenden Verständnisses von sich und Welt ein. Reflexion ist stärker als Rationalität an Wahrheit als Wahrhaftigkeit, am Denken als Denken, nicht nur um der Erreichung eines Zieles willen, nicht als Funktion, sondern als Wertschätzung des Denkens als Denken und Wissenwollen selbst orientiert. Fragen schließt mit einer Welt als etwas Selbstverständlichem ab. Eine reflexive Einstellung fördert Denken; Rationalität lenkt es in Richtung Begründung, Logik, objektiver Wahrheit und Funktionalität. Die Nichtidentität dieser Begriffe ermöglicht eine wechselseitige Kritik und Infragestellung orientiert an den jeweils eigenen Maßstäben (Rindermann, 2010a).

Emotionale und weitere Kompetenzen

Neben Intelligenz werden in der Psychologie weitere Kompetenzen thematisiert. In der Entwicklungspsychologie ist beispielsweise die *motorische Kompetenz* von Kindern ein wichtiges Kriterium der Entwicklung. *Soziale Kompetenz* ist in Partnerschaften und allen Berufen mit kommunikativen Anforderungen wichtig. Besonders prominent ist seit zwei Jahrzehnten »Emotionale Intelligenz«. Da es sich hierbei aber weniger um eine kognitive als um eine emotionale Fähigkeit handelt, sollte eher der Begriff »Emotionale Kompetenz« verwendet werden (Rindermann, 2009a). Emotionale Kompetenz wird als multidimensionale Fähigkeit *zum Erkennen eigener Gefühle, zum Erkennen der Gefühle von anderen, zum Umgang mit eigenen Gefühlen* und *zum Ausdruck von Gefühlen* verstanden (siehe Abbildung 1). Diese tragen bei zu einer gelingenden Persönlichkeitsentwicklung, zu psychischer und physischer Gesundheit, zur Vermeidung von Burnout, zum

Gelingen von Beziehungen, zur Wahl eines Berufes mit emotionalen Anforderungen und Erfolg in diesem und können als Bestandteil breiterer Kompetenzen wie der Lehrkompetenz angesehen werden.

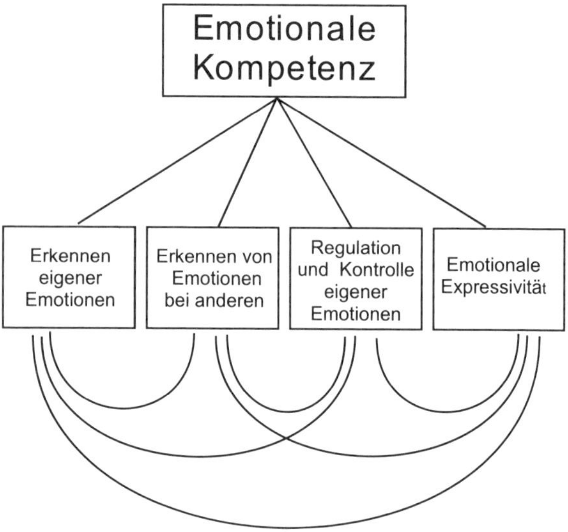

Abbildung 3: Modell emotionaler Kompetenzen

Allerdings, und das ist auf den ersten Blick erstaunlich, fördern die Entwicklung emotionaler und anderer Kompetenzen in der Regel einander ähnliche Umweltbedingungen, und zwar solche, die sich auch bei der kognitiven Entwicklung als relevant erwiesen: Die *Bildung der Eltern* (Indikator Bücherzahl) ist sowohl für die kognitive Entwicklung als auch für die emotionale Entwicklung relevant (Rindermann, 2009a, S. 53). Und *Kinderkrippenbesuch* ist sowohl für die kognitive als auch für die motorische Entwicklung von Bedeutung (Tatzl, 2009). Es können zwar eindeutig von kognitiven Kompetenzen weitere wie emotionale unterschieden werden, günstige Entwicklungsbedingungen sind aber wie innerhalb kognitiver Fähigkeiten für verschiedene inhalts- oder operationsgebundene Intelligenzen ähnlich (siehe Rindermann, 2006b, 2007b).

Forschungstraditionen

In der Forschung zu kognitiven Kompetenzen existieren mehrere, sich kaum gegenseitig rezipierende Strömungen. Die am weitesten heute bekannte Strömung ist die der *Psychometrie,* gekennzeichnet durch die Entwicklung von »Intelligenztests« und des »IQ« (Intelligenzquotient, Mittelwert M = 100, Standardabweichung SD = 15, gebildet durch Vergleich individueller Werte mit einer Referenzgruppe, in der Regel Gleichaltrige eines Landes zu einem bestimmten historischen Zeitpunkt) und durch die Verwendung statistischer Methoden wie der Faktorenanalyse (ob eine ein- oder mehrdimensionale Struktur den Korrelationen verschiedener Testergebnisse und Dimensionen zugrunde liegt). Es dominiert die Untersuchung interindividueller Unterschiede, eine wichtige Fragestellung ist die Erklärung ihrer durch Umwelt- oder Genanteile (Verhaltensgenetik, Zwillings- und Adoptionsstudien). Bekannte Namen sind Binet, Stern, Spearman, Thurstone, Cattell, Carroll, Herrnstein, Jensen, Lynn und Gottfredson.

Der zweite, auf eine nahezu gleich lange Tradition zurückblickende Forschungsstrang ist der der *genetischen Epistemologie* nach Piaget: Hier interessiert in entwicklungspsychologischer Orientierung die Entwicklung der Intelligenz (z. B. Piaget, 1975). Kinder werden in alltagsnahen Situationen in Handlungen und ihren Sichtweisen und Begründungen für ihr Handeln untersucht. Die kognitive Entwicklung – nach Piaget als Entwicklung vom Egozentrismus zur *Dezentrierung,* vom egozentrisch-individuellen zum dezentrierten, differenzierten und allgemein gültigen Weltbild – verlaufe universal in einer invarianten Ordnung. Zwar ging Piaget von einer im Wesentlichen einheitlichen Entwicklung aus, bereichsspezifische Entwicklungsverzögerungen (»décalage«) räumte er aber ein. Deutlich früher als im psychometrischen Strang wurden kulturvergleichende Studien durchgeführt. Der Forschungsansatz ist qualitativ, ließe sich aber auch in einen quantitativen überführen. Oesterdiekhoff (2000, Oesterdiekhoff u. Rindermann, 2008a) nutzt den Piaget-Ansatz zur Entwicklung einer umfassenden kulturanthropologisch-soziologischen Modernisierungstheorie. In der Philosophie wurden Arbeiten Piagets sehr rege rezipiert (z. B. durch Habermas).

Der dritte, vor allem mit den internationalen Vergleichsstudien der OECD und IEA prominent gewordene Strang ist der der *Schulleistungsstudien:* Kognitive Kompetenzen werden wie in der Psychometrie mit Papier-Bleistift-Tests, aber in deutlich längeren Aufgaben und mit oft (aber nicht immer) näherem Bezug zu Lehrplänen untersucht (üblicherweise in der Skala M = 500 und SD = 100 normiert, Referenzgruppe bilden in der Regel Schüler teilnehmender Länder oder der OECD, also eine internationale Norm). Statistisch dominieren Verfahren der unstandardisierten Regression, Mehrebenenanalysen und Schätzverfahren zum Umgang mit fehlenden Werten. Innerhalb dieser Strömung ist die Unterscheidung unterschiedlicher Domänen (Lesen, Mathematik, Naturwissenschaften) wichtig (Hartig u. Klieme, 2006).

Der vierte, gegenwärtig starke Strang ist der der *Wirtschaftswissenschaften:* Kognitive Kompetenzen ergänzt um andere (meist soziale) Kompetenzen und Persönlichkeitsmerkmale werden unter dem Begriff Humankapital untersucht. Wichtige Themen sind die der Entstehung von Kompetenz durch institutionalisierte Erziehung und Bildung (z. B. Barnett, 1985; Heckman, 2000; Hanushek u. Welch, 2006) und die Folgen dieser für die wirtschaftliche Entwicklung. Statistisch dominieren Verfahren der unstandardisierten Regression, eigene Messverfahren kognitiver Kompetenzen wurden nicht entwickelt (man zieht gängige der Schulleistungs- und Psychometriestudien heran).

Die fünfte Strömung bilden verschiedene qualitative Methoden, zum einen auf die Traditionen der Verstehenden Psychologie und Gestaltpsychologie zurückgehend, zum anderen auf Ethnologie und Völkerpsychologie (wie bei Wundt), am besten unter dem Begriff *Ethnokognitionsforschung* fassbar: Die Untersuchung von Menschen, insbesondere im Kulturvergleich, mittels alltagsnaher Aufgaben (z. B. Lurija, 1987/1974) und in ihrem Alltag (z. B. Lévy-Bruhl, 1966/1922) oder die Analyse von Sedimenten kognitiver Fähigkeiten als Kulturleistungen (z. B. Murray, 2007). Oft greift dieser Ansatz auf die Arbeiten von Piaget zurück (Hallpike, 1990/1979).

Sechstens ließen sich *entwicklungspsychologische, gedächtnispsychologische, pädagogische, pädagogisch-psychologische* und *Expertise-* und *Professionalisierungs-Ansätze* ergänzen, die Entwicklungsbedingungen und Fördermöglichkeiten kognitiver Kompetenzen untersuchen (z. B. Klauer, 2001). Zwischen diesen und den oben genannten bestehen große Überlappungsbereiche. In der Expertiseforschung wurden oft *Schachspieler* untersucht (Gruber u. Ziegler, 1996). Hierbei zeigte es sich, dass auf hohem und höchstem Niveau weniger (die dann kaum noch vorhandenen geringen) Intelligenzunterschiede, sondern domänenspezifisches Vorwissen und (motivationsabhängige) umfangreiche Beschäftigung mit diesen spezifischen Anforderungen relevant sind. Intelligenz stellt damit eine Mindestvoraussetzung dar, um in dieses hohe Segment vorstoßen zu können. Aufgrund endlicher Zeitressourcen sind Höchstleistungen meist nur in einem Bereich zu erbringen. Neuere Forschungen der Forschergruppe um Camilla Benbow (Robertson, Smeets, Lubinski u. Benbow, 2010) belegen jedoch, dass selbst innerhalb einer solch selegierten Gruppe wie den obersten 1 % (äquivalent ca. IQ > 135) noch allgemeine testgemessene Fähigkeitsunterschiede relevant sind für die Prognose unterschiedlichen Erfolges.

Wenn man sich an der immer noch gut brauchbaren Unterscheidung quantitativ-qualitativ orientiert, dann lassen sich der psychometrische, Schulleistungs- und Humankapitalansatz zusammenfassen und den qualitativen der Piaget-Psychologie und Ethnokognitionsforschung gegenüberstellen. Die Stärken der ersten liegen in der objektiven, reliablen und validen Messung der Kompetenzen auf Ebenen von Individuen, Klassen, Schulen und Ländern bis zu Gesellschaften und in quantitativen Dimensions- und Kausalanalysen. Die Stärken der qualitativen Ansätze liegen im Verstehen dessen, was Denken ausmacht, wie Denken entwicklungspsychologisch entsteht und wie es Alltagshandeln beeinflussen kann.

Strittige und offene Fragen innerhalb der Kompetenz- und Intelligenzforschung

Es lassen sich zwei Arten von Problemen unterscheiden: *Probleme spezifisch für Kompetenz- und Intelligenzforschung* und *Probleme der Anwendung der Intelligenzforschung auf bestimmten Themengebieten, die an sich strittig sind.* Zunächst Probleme *innerhalb* der

Kompetenz- und Intelligenzforschung, der zweite Themenbereich wird aus Platzgründen kürzer behandelt.

1. *Breite des Begriffs Kompetenz:* Kompetenz ist breiter als kognitive Kompetenz und Intelligenz. Manche Autoren schließen auch Persönlichkeits- oder gar Umweltmerkmale ein. Hier wird die Position vertreten (keine Begriffsüberdehnung), unter Kompetenz nur Leistungsdispositionen zu verstehen. Selbstverständlich sind Persönlichkeits- und Umweltmerkmale für die Realisierung gegebener Leistungsdispositionen relevant und zudem sind sie wichtig für die Kompetenzentwicklung (Rindermann, 2009a, S. 11; Rindermann, 2011b; Heller u. Rindermann, 2010).

2. *Bedeutung der Intelligenz innerhalb verschiedener Kompetenzen:* Neben kognitiver Kompetenz wird vor allem soziale und emotionale Kompetenz unterschieden, innerhalb der Unterrichtsforschung hat sich der Begriff der Lehrkompetenz etabliert (Rindermann, 2009b, 2009e, 2010b), andere Autoren nehmen weitere Differenzierungen wie Methoden-, Medien- und personale Kompetenz vor, wieder andere unterscheiden neben kognitiver Intelligenz auch praktische oder Erfolgsintelligenz (siehe Übersichten von Weinert, 2001; Erpendeck u. Rosenstiel, 2007; Sternberg, 1985). Innerhalb dieser Kompetenzen ist Intelligenz von zentraler Bedeutung. Gründe: Zu ihr gibt es – zunächst ein rein forschungsstatistisches Argument – die umfangreichste Forschung, die meisten Publikationen und die längste Forschungstradition, noch bedeutsamer ist aber, dass sie für individuellen und gesellschaftlichen Erfolg sowie für nichtinstrumentelle Aspekte (vgl. die bekannte Habermas'sche Unterscheidung 1973/1968) wie Moralentwicklung, Rechtsstaatlichkeit und Reflexionsfähigkeit relevant ist (schon Thomson, 1937/1936). Das Spezifische des Menschen ist seine Fähigkeit zum Denken, das Exzeptionelle unserer Kultur die Aufklärung mit ihrer Wertschätzung des Denkens und der Wahrheit, fußend in der Antike, wieder aufgegriffen in der Scholastik (Thomas) und in der Renaissance. Zu den kognitiven Kompetenzen zählen auch Informationsverarbeitungsgeschwindigkeit, Konzentrationsfähigkeit, Gedächtnis und Einfallsreichtum, am Rande auch die kognitiven Anteile emotionaler, sozialer und praktischer Kompetenzen, performanznah Wissen und Schulfähigkeiten, *im Zentrum steht aber die Intelligenz.*

3. *Ist Intelligenz allgemein oder spezifisch?* Dieses ist ein alter Streitpunkt, oft mit *politischen* Konnotationen, zum ersten Mal – und das ist nahezu unbekannt – durch Psychologen im Nationalsozialismus aufgeworfen.

Ende der 1930er Jahre polemisierten die Psychologen Friedrich Becker (1938) und Erich Jaensch (1938) gegen die »Vorherrschaft des Bourgeoisgeistes« (Jaensch, S. 2) in der Intelligenzforschung und die hier übliche »Art der Intelligenzprüfung« als Instrument »des Judentums«, um seine »Vormachtstellung zu befestigen« (Jaensch, S. 3). Sie kritisierten eine Auswahl für höhere Schulen nach Intelligenz als ein »Prüfungssystem jüdischen Ursprungs« (Jaensch, S. 4), ein Konzept der Intelligenz als »eindimensionale Größe, in der es nur eine Abstufung nach ›Größer‹ und ›Geringer‹« (Jaensch, S. 3) oder »einen gemeinsamen Zentralfaktor« (Becker, S. 24) gebe. Stattdessen forderten sie, da »es verschiedene Typen des Menschentums gibt und an diese menschlichen Grundformen auch verschiedene Typen der Intelligenz geknüpft sind« (Jaensch, S. 4) eine »Intelligenzprüfung unter völkischem und typologischem Gesichtspunkt« (Becker, S. 15), für Deutsche insbesondere eine Messung des »Wirklichkeitssinns«, der »Gewissenhaftigkeit« und »überhaupt der Charakterwertigkeit der Intelligenz«. Sie verlangten daran anschließend statt einer ausschließlichen Messung der »theoretischen Intelligenz«, des »Intellektualismus« (Becker, S. 22) oder der »lateinisch-französischen Ratio« (S. 58, 81) auch eine der »praktischen Intelligenz« (Becker, S. 18). Sie verneinten die Existenz einer allgemeinen Intelligenz (»In Wahrheit gibt es hier jene vermeintliche allgemeine, qualitativ gleichartige und vom Typus unabhängige Intelligenz überhaupt nicht«; Jaensch, S. 4), selbst bestimmte statistische Methoden, wie die der Korrelationsrechnung oder Faktorenanalyse (Becker, S. 23 f.), wurden abgelehnt.

Ich möchte versuchen, hierauf eine wissenschaftliche Antwort zu finden: Methode der Wahl zur statistischen Prüfung von Dimensionalität ist die Faktorenanalyse. In dieser findet man, dass Unterschiede zwischen Personen, aber auch Unterschiede zwischen Staaten international oder deutschen Bundesländern national homogen sind: Wer gut ist in sprachlichen Kompetenzen, ist es auch in mathematischen oder figuralen, in IQ- oder Schulleistungstests, in verschiedenen Aufgaben- und Antwortformaten (Jensen, 1998).

Länder, die gut in TIMSS-Mathematik abschneiden, schneiden auch gut in PISA-Naturwissenschaft oder IGLU-Lesen ab (Rindermann, 2006b, 2007c; Hanushek u. Wößmann, 2009). Das heißt aber nicht, dass es auch für spezifische Fragestellungen nicht unwichtig wäre, sich Dimensionswerte anzuschauen: Zum Beispiel schneiden Frauen in verbalen Aufgaben besser ab als Männer, diese in mathematischen und naturwissenschaftlichen und die Frau-Mann-Unterschiede sind auch von gesellschaftlichen Faktoren abhängig (Guiso, Monte, Sapienza u. Zingales, 2008). Nichtsdestotrotz ist das allgemeine kognitive Fähigkeitsniveau immer das wichtigste. Hinzu kommen Ergebnisse von *Aufgaben- und Kognitionsanalysen,* die zeigen, dass verschiedene Aufgaben ähnliche Denkprozesse zur erfolgreichen Bewältigung ihrer benötigen (Rindermann, 2006b; siehe auch die Punkte 6 und 7).

4. *Beziehung Intelligenz–Schulleistung:* Intelligenztests setzen kurze Aufgaben ein, Schulleistungstests wie PISA und IGLU eher lange (TIMSS dazwischen). PISA und IGLU versuchen explizit weniger curriculumsspezifisches Wissen, sondern allgemeine und grundlegendere Denkfähigkeiten zu erheben. Wenn man Intelligenz als Intelligenztestergebnis definieren würde, dann wären Intelligenz und Schulleistung verschieden, insbesondere wenn man unter Schulleistung Schulnoten verstehen würde. Versteht man unter Intelligenz aber die Fähigkeit zum Denken und Intelligenztests nur als ein Indikator dieser Fähigkeit, dann sind Ergebnisse aus Schulleistungstests und selbst Schulnoten sowie Resultate von Piagettests und Auswertungen lebensweltlichen Handelns (wie etwa Argumentation, Sprachbenutzung, Autofahren etc.) allesamt Indikatoren der Intelligenz (siehe Rindermann, 2006b, 2007c; siehe a. Ceci, 1991; Gordon, 1997). Meines Erachtens wird die Fähigkeit zum Denken über Intelligenztests zu eng gemessen (siehe auch Rindermann u. Kwiatkowski, 2010).

5. *Interpretation der säkularen Akzeleration, Ursachen des Flynn-Effekts:* Man beobachtet seit den 1960er Jahren, dass die Intelligenztestwerte in der sog. Ersten Welt seit ca. 1900 ansteigen, in der sog. Dritten Welt seit ca. 1960. Dies wurde von mehreren Autoren nebenbei bemerkt (z. B. Lynn, 1982), zum ersten Mal systematisch beschrieben aber durch James Flynn (1984, 2008). James Flynn vertrat früher klar die Position, dass diese Veränderungen nur für Test-

ergebnisänderungen, nicht aber für Verbesserungen der Intelligenz selbst stünden. Heute (z. B. 2008) schwankt er zwischen den beiden Positionen, Testergebnisänderungen und Intelligenzverbesserungen. Für den Zuwachs werden verschiedene Gründe angenommen: bessere Ernährung und verbesserte Gesundheitsversorgung, Veränderungen des Genoms (Exogamie, mehr Fremdheiraten), Verbesserungen der Bildung (in Umfang und Qualität), Veränderungen der Anregungen durch Modernisierung und/oder Messeffekte. Flynn neigt zu der Position Modernisierung, Lynn zu Ernährung. Vermutlich spielen in unterschiedlichen Gruppen und in unterschiedlichen Altersstufen unterschiedliche Faktoren eine Rolle: bei Kleinkindern Ernährung und Gesundheit (einschließlich beider Eltern und des Genoms), bei Jugendlichen und Erwachsenen Bildung und Modernisierung. Dass es tatsächliche Veränderungen in kognitiven Fähigkeiten sind, dafür spricht eine Vielzahl lebensweltlicher Phänomene von höherem Bildungsgrad und geringerer (abergläubischer) Religiosität bis zu einem Ansteigen des kognitiven Anforderungsgrads des Alltagslebens (man vergleiche etwa nur Telefone und Autoradios von heute mit denjenigen von vor zwanzig bis fünfzig Jahren).

6. *Erbe-Umwelt, Verhaltensgenetik:* In verhaltensgenetischen Studien (siehe Überblick in Asendorpf, 2004) gelangt man zu dem Ergebnis, dass 55–80 % der Unterschiede zwischen Menschen in Intelligenz auf genetische Faktoren zurückzuführen sind. Je älter Personen sind, desto höher ist der Einfluss genetischer Faktoren, da ältere Personen ihre Umwelten stärker auswählen und formen können. Gängige Untersuchungsmethoden der Verhaltensgenetik, der Bestimmung von prozentualen Genom- und Umweltanteilen, sind:

- Vergleich der Ähnlichkeit von eineiigen Zwillingen (EZ) mit der von zweieiigen Zwillingen (ZZ) in ihren Familien;
- Vergleich der Ähnlichkeit von adoptierten Kindern mit ihren biologischen Eltern und den Adoptionseltern;
- Vergleich der Ähnlichkeit von adoptierten Kindern mit ihren biologischen und Adoptivgeschwistern;
- Vergleich der Ähnlichkeit von eineiigen Zwillingen untereinander, die zusammen aufgewachsen sind, mit der Ähnlichkeit von eineiigen Zwillingen untereinander, die getrennt aufgewachsen sind;

- Vergleich der Ähnlichkeit von eineiigen Zwillingen untereinander, die getrennt aufgewachsen sind.
- Und neu (da als Möglichkeit erst durch veränderte familiäre Strukturen entstanden): Vergleich der Ähnlichkeit Stiefväter-Stiefkinder mit der von Vätern-ihre-biologischen-Kinder in der Familie ihrer Mütter oder in der Familie der Stiefväter, die sowohl Stiefkinder als auch biologische Kinder aufziehen (und ebenso denkbar für Mütter, die aber relativ selten Stiefmütter sind).

Aus diesen Vergleichen werden über verschiedene Modelle und Formeln Heritabilitätsschätzungen (Erblichkeit) vorgenommen: Heritabilität (h^2) heißt, wie viel Prozent interindividueller Unterschiede auf genetische Faktoren zurückführbar ist.

In bildungsnahen Skalen (Wortschatz, verbale Intelligenz) sind die Erblichkeitsschätzungen größer als in bildungsfernen Skalen (fluide oder figurale Intelligenz der Raven-Matrizen), selbst für Einstellungsskalen wie Konservatismus-Progressismus werden hohe Erblichkeitsschätzungen mitgeteilt. Spätestens hier müsste die Frage aufgeworfen werden, was für eine Form von Erblichkeit durch die Verhaltensgenetik festgestellt wird (Block, 1995). Dass Körpergröße vererbt werden kann, ist gut nachvollziehbar, im ersten Moment auch noch Intelligenz, aber Wortschatz und politische Einstellungen? Diese können doch nur durch Lernen, Kultur und Gesellschaft erworben werden! Auf was bezieht sich hier die Erblichkeit? Was an Intelligenz ist vererblich? Kann Intelligenz vererbt werden, das korrekte Lösen von mathematischen Aufgaben, von Syllogismen, eine richtige Begriffsbildung? Nein, sicherlich nicht, die Erblichkeitsschätzungen können sich nicht auf Intelligenz selbst beziehen, sondern auf *Differenzen, Unterschiede* oder *Variabilität* in Intelligenz, die auf *vererbbare neurobiologische Determinanten* zurückführbar sind.

Fraglich ist, inwieweit bei größerer Umweltdifferenz, etwa zwischen Ober- und Unterschicht innerhalb einer Gesellschaft oder zwischen verschiedenen Ländern und Staaten, zwischen Ethnien und Kulturen, Unterschiede in kognitiven Fähigkeiten mittels der Erblichkeitsschätzungen genetisch interpretiert werden können. Sind etwa die beträchtlichen PISA- und Intelligenzunterschiede zwischen Bayern und Nordrhein-Westfalen oder zwischen den Städten Stuttgart und Bremen genetisch interpretierbar? Welche Form von Wissen wird durch die Erblichkeitsschätzungen gewonnen? Man weiß, dass interindividuelle Differenzen – bei unklarer oder eingeschränkter Variabilität der Umweltdeterminanten – stark genetisch bedingt sind. Viel Genaueres weiß man durch den Ansatz der Verhaltensgenetik nicht:

- Es wird nur eine allgemeine Varianzaufklärung für Erbe und Umwelt angegeben. Was die Kausalfaktoren des Genoms oder der Umwelt sind, ist offen.
- Die Varianzaufklärung ist abhängig von der Homogenität oder Heterogenität der Umwelt. In homogenen Umwelten könnte die Erblichkeitsschätzung auf 100 % steigen. Ein fiktiv-totalitär-egalitäres System wie in einigen Sozialutopien entworfen (z. B. Campanellas Città del sole, 1960/1602, oder Skinners Walden II, 1985/1948) führte zu dem paradoxen Umstand, dass alle dann noch verbleibenden Unterschiede zwischen den Menschen genetisch erklärt werden müssten (so etwa im Vergleich der USA [h^2 niedrig] und Sowjetunion [h^2 hoch]: Sternberg, Grigorenko u. Kidd, 2005). Eine genetische Erklärung ist bei homogener Umwelt stark, bei einer heterogenen wie zwischen verschiedenen Kulturen wäre sie kaum noch aussagekräftig (außer man nehme eine genetische Abhängigkeit der spezifischen Ausprägungen von Kultur und Gesellschaft an).
- Der Einfluss der Umwelt kann bei Adoptions- und Zwillingsstudien durch selektive Platzierung in gute und ähnliche Umwelten unterschätzt werden. Die Variabilität der Umwelt ist eingeschränkt und damit ihre Erklärungsmächtigkeit (Nisbett, 2009; vs. Lee, 2010).
- Die Varianzaufklärung ist abhängig von der Qualität der Umwelt: Je schlechter die Umwelt, desto relevanter sind schon geringe Verbesserungen in ihr für die Intelligenzentwicklung und desto weniger können mögliche genetische Unterschiede phänotypische Unterschiede in der Intelligenz erklären, umgekehrt, je besser die Umwelt, desto relevanter werden genetische Differenzen (Bronfenbrenner u. Ceci, 1994; Turkheimer, Haley, Waldron, D'Onofrio u. Gottesman, 2003). Beispielsweise ist der Anteil genetisch aufklärbarer Varianz bei Mittelschicht-

familien der USA größer als bei Unterschichtfamilien (Meisenberg et al., 2006).

- Die Varianzaufklärung ist abhängig von der Homo-/Heterogenität des Genoms, die aber unbekannt ist.
- Die Varianzaufklärung sagt nichts über den eigentlich interessierenden genetischen Kausalweg vom Genotyp zum Phänotyp aus (»How?«, »modus operandi«; Anastasi, 1958).
- Heritabilität ist nicht das Gleiche wie genetische Determination (Block, 1995). Beispiel: Anzahl der Ohren. Die Anzahl der Ohren ist beim Menschen genetisch festgelegt. Trotzdem ist die Heritabilität nahe Null, weil es keine genetische Varianz gibt. Wenn jemandem ein Ohr fehlt, dann ist dies nur auf Umwelteinflüsse wie Unfälle oder psychische Krankheit (Beispiel van Gogh) zurückzuführen.
- Präzise Beziehungen zwischen einzelnen genetischen Ausprägungen und der Intelligenz sind bislang bis auf Chromosomenanomalien oder umgrenzte Störungen unbekannt (z. B. Trisomie 21 und deutliche Intelligenzminderung im Down-Syndrom), replizierbare Befunde zum Zusammenhang zwischen Genen oder DNS-Sequenzen und Intelligenz finden sich nicht. Ein Zitat von Rushton, Vernon und Bons (2007, S. 159) verdeutlicht dies: »Thousands of genes are expressed in the brain and null findings are common.«
- Varianzaufklärung sagt nichts über die individuelle genetische Ausprägung aus.
- Varianzaufklärung sagt nichts über den Spielraum aus, der durch gute oder schlechte Umwelt in der Ausprägung kognitiver Fähigkeiten besteht. Auch bei hohen h^2 (Erblichkeitsschätzungen) können Personenmerkmale verändert werden (Wahlsten, 1997): Die Intelligenz etwa steigt durch Adoption im Schnitt um 10–12 Punkte (IQ von adoptierten Kindern im Vergleich zu ihren biologischen Eltern oder biologischen Geschwistern, die nicht adoptiert wurden), bleibt aber um ca. 10–8 Punkte unter der Intelligenz der Adoptiveltern und ihrer biologischen Kinder in der gleichen Familie (Locurto, 1990).
- Varianzaufklärung sagt nichts über die Wege aus, wie man Fähigkeiten angemessen fördern kann.
- Varianzaufklärung interindividueller Unterschiede ist nicht

logisch übertragbar auf genetische Erklärungen für phänotypische Unterschiede auf Gruppenebene (Bronfenbrenner u. Ceci, 1994; Block, 1995).

Das wichtigste Problem aller Erberklärungen bislang in der Intelligenzforschung ist aber weiterhin, dass konkrete Gene oder Allele für einen überzeugenden Beleg des Kausalweges vom Genotyp zum Phänotyp kognitiver Fähigkeiten fehlen (z. B. Lewontin, 1975). Genetische Erklärungen sind zumindest zur Zeit noch solche ohne Gene. *Genetische Erklärungen sind Erklärungen ex nihilo, Umwelterklärungen sind besser belegbar oder widerlegbar.* Genomerklärungen sind aufgrund ihrer Unbestimmtheit für viele Phänomene aber auch nicht ausschließbar, findet man etwa viele Bücher zu Hause und eine hohe Intelligenz, so kann dies auf Vorlesen und Lesen, auf bessere Erziehungspraktiken und Bildungsorientierung der Eltern zurückgeführt werden, oder bessere Entwicklung im Gymnasium durch den dort stattfindenden anspruchsvolleren Unterricht, aber als Hintergrundfaktor ist eine genetische Determinante, Intelligentere läsen mehr und stammten von intelligenteren Eltern ab oder Intelligentere seien besser beschulbar, prinzipiell nicht auszuschließen (und auch nicht zu belegen oder zu widerlegen). Deshalb ist wichtig, für Ergebnisse kommender genetischer Forschung offen zu bleiben, die die bislang spekulativen Genomerklärungen bestätigen oder widerlegen könnten.

7. *Probleme der Anwendung der Intelligenzforschung auf bestimmte Themengebiete, die an sich strittig sind,* dazu gehören *Vergleichbarkeit über verschiedene Kulturen, Ethnien, Populationen, Zeitpunkte und Staaten:* Dass Intelligenz eine politische Dimension hat, wird klar, wenn sie für Phänomene wie Wohlstand und Sozialstatus, Demokratie und Weltanschauungen relevant ist (siehe Thomson, 1937/1936).

Grundsätzlich bleibt aber umstritten, ob Intelligenz über verschiedene Kulturen, Ethnien, Populationen (evolutionsbiologisch unterscheidbare Gruppen; Cavalli-Sforza, 2001; Woodley, 2010), Zeitpunkte und Staaten, also diachron und synchron verglichen werden kann. In der kulturvergleichenden Psychologie werden Fähigkeitsunterschiede zulasten nichtwestlicher Kulturen oft mit einer gewissen Betretenheit beiseitegelegt, statt sie heuristisch zu nutzen: Man ist zunächst erschreckt (Ethnozentrismus-Vorwurf u. Ä.) und sucht anschließend nach Umständen der Testerhebung, des Testmaterials und der Methodik im Allgemeinen, die belegen könnten, dass nicht aussagekräftig für das interessierende Konstrukt gemessen wurde. Dies schließt ein, die Ergebnisse als nur aussagekräftig für die »Performanz«, nicht aber für die »Kompetenz« zu betrachten. Ein ehrliches Beispiel für eine solche Reaktion gibt Cole (1984, S. 304): »Ich begegne Schlußfolgerungen mit Unbehagen, die eine unzureichende Performanz mit Fehlern oder Unterentwicklung eines allgemeinen kognitiven Prozesses gleichsetzen.« Lévi-Strauss (1992/1952, S. 371) beschrieb dieses Forscher-Phänomen in einem bekannten Beitrag sehr prägnant:

> »Der moderne Mensch schwankt zwischen den beiden Versuchungen, entweder die Erfahrungen, die ihn affektiv stören, zu verurteilen, oder die Unterschiede, die er intellektuell nicht versteht, zu leugnen.«

Wissenschaftlich unbefriedigende »Lösungsmöglichkeiten« sind *Ignorierung* (nicht relevant, andere Themen erforschen), statistische oder testbezogene *Vermeidung* (je Gruppe eigene Normen oder Tests, »emisch«, kulturspezifisch, vs. »etische«, kulturübergreifende, Maße), *Verhinderung* (Mess- und Publikationsvermeidung, so wollen beispielsweise deutsche Kultusminister Hauptschulen aus der Befürchtung heraus, die Ergebnisse seien zu schwach, von Vergleichstests ausschließen) und oft latente bis explizite *Diffamierung* (Forscher, die diese Resultate finden und beschreiben, Instrumente und Studien, die zu diesen Ergebnissen kommen, pejorativ zu beschreiben, etwa als »rassistisch«). Forscher wie Rushton, Lynn, Jensen, Herrnstein oder Weiss gelten als politisch nicht korrekt. Alle diese Varianten stehen für Strategien, einen epistemischen Kontakt mit der Realität zu reduzieren.

Es sollte nun versucht werden, eine wissenschaftliche Antwort zu finden. Die Positionen unterschiedlicher Perspektiven dürfen aber nicht ausgeblendet werden: Das Wahre ist das Ganze (Hegel, 1952/1807; siehe a. Rindermann, 2006a). Selbstverständlich gibt es das Problem kulturspezifischer Fragen und Aufgaben. Ein englischsprachiger Intelligenztest etwa bei Franzosen misst vor allem Fremdsprachenkenntnis. Zwischen verschiedenen Ländern gibt es

Unterschiede im Testverhalten und weit gravierendere Probleme in Stichprobenziehung und -repräsentativität (vgl. Wuttke, 2007). Die großen internationalen Schulleistungsstudien und ihre Organisatoren haben diese Probleme zu reduzieren versucht, sie sind aber nicht vermieden, Werte sollten deshalb *korrigiert* werden (vgl. Rindermann, 2007c). Bei Intelligenztests sind die Resultate noch problematischer. Deshalb sollten die Ergebnisse verschiedener Studien *zusammengefasst* und mit denjenigen anderer Ansätze wie von Piaget oder lebensweltlicher Analysen *verglichen* werden. Letztendlich ist es wichtig, um die Rationalität wissenschaftlicher Auseinandersetzungen zu wahren – nur solche kann zu höherer Wahrheit führen (Rindermann, 2006a, 2008e, 2009c) –, auf *Prinzipien integrer Argumentation* zu verweisen (Groeben, Schreier u. Christmann, 1993). Und zu diesen gehören nicht Diffamierung und Maßstäbe der politischen Korrektheit. Das Kulturproblem soll im nächsten Abschnitt noch näher diskutiert werden.

8. *Kultureller Relativismus in Begrifflichkeit, Messung und Ausprägung?* Kritisch wird angemerkt, dass unterschiedliche Gesellschaften unterschiedliche Umwelten und Anforderungen stellten. Wissenschaft ist in einen kulturellen und sozialen Kontext eingebettet. Der oben vorgenommene Verweis auf die Etymologie des Intelligenz-Begriffes belegt seine Herkunft aus der abendländischen Kultur. Große Unterschiede zwischen Kulturen innerhalb und zwischen Staaten in Ergebnissen kognitiver Tests und der Ausprägung von kognitiven Fähigkeiten ihrer Angehörigen zeigen zudem eine kulturelle Abhängigkeit der Ausprägung kognitiver Fähigkeiten.

Nicht zuletzt unterscheiden sich Kulturen in ihren Konzepten von Intelligenz: Wober (1984) untersuchte als Beispiel für traditionelle Kulturen den Intelligenz-Begriff in Uganda (Rösing, 2004). Als intelligent gilt in der Kiganda-Kultur »Respekt vor den Älteren«, »Achtung der Eltern«, »Geschichte des Landes auswendig kennen«, Gehorsam rangiert vor kognitiven Fähigkeiten als Indikator für Intelligenz. Der Intelligenz-Begriff erweist sich somit als kulturell variabel, allerdings sind Respekt oder Traditionswahrung nicht mit Intelligenz als kognitiver Fähigkeit gleichzusetzen. Für verschiedene Inhalte sollten verschiedene Begriffe beibehalten und durch adäquate *Übersetzungsregeln* für gleiche Inhalte passende Begriffe verwendet werden, sofern es sie in verschiedenen Kulturen gibt. Ein Problem taucht hierbei aber dann auf, wenn für bestimmte Begriffe keine adäquaten Begriffe in einer anderen Sprache oder nur mit deutlicher Bedeutungsverschiebung oder verschiedener Extension vorliegen: So umfasst »student« im Amerikanischen neben Studenten auch Schüler. Kann man »Kanufahren« in die Sprache eines Wüstenvolkes und »Brunnenbohren« in die Sprache eines Urwaldvolkes oder Abstrakta wie »Gerechtigkeit«, »Freiheit« und »Vernunft« in die Sprachen vorschriftlicher Kulturen ohne formale Bildungsinstitutionen übersetzen? Wie hier erkennbar wird, variieren mit Kultur Begriffe und Konzepte, vor allem die abstrakten Inhalts. Ob am Beispiel Intelligenz noch das Gleiche mit Begriffen aus verschiedenen Sprachen oder etwas anderes gemeint wird, wäre eingehend zu prüfen. Wichtig ist, dass – wie bei verschiedenen Intelligenzkomposita innerhalb westlicher Kulturen – Denken, Abstraktion, Verständnis, Orientierung auf ein kategoriales oder kontinuierlich abgestuftes Richtig und Falsch und logische Regeln gemeint werden.

Da Formen und Ausprägung kognitiver Fähigkeiten kulturabhängig sind, nicht nur ihre Messung, ist es kaum möglich und zudem nicht sinnvoll, Intelligenz als kulturfreies Merkmal zu messen. Das Bestreben höhere kognitive Fähigkeiten unabhängig von Unterricht und Kultur zu messen in dem Sinne, dass trotz unterschiedlicher Anregung durch Unterricht und Kultur gleiche Ergebnisse resultieren müssten, ist nicht nur gescheitert, es ist aufgrund der Genese höherer kognitiver Fähigkeiten auch nicht sinnvoll, es wäre wie der Wunsch, Körpergröße unabhängig von Ernährung und Krankheitsstatus in Kinder- und Jugendzeit messen zu wollen.

Ein aussagekräftiger Test kognitiver Kompetenzen muss in seinen Ergebnissen ohne Verschleierung unterschiedlicher Fähigkeiten unterschiedliche Entwicklungsbedingungen widerspiegeln. *Gesellschaft und Kultur dürfen nicht aus der Intelligenzforschung ausgeblendet werden!* An diesen aufzuzeigenden, nicht zu verschleiernden Unterschieden hat dann Forschung anzusetzen, um relevante Bedingungsfaktoren für kognitive Unterschiede aufzuklären und diese dann für Förderkonzepte – falls gewünscht – zu verwenden (Ember, 1984). Ein in diesem Sinne kultursensibles Messinstrument ist kein schlechtes, sondern ein gutes Maß kognitiver Fähigkeiten.

Man stelle sich vergleichsweise vor, man würde ein Metermaß als ungeeignet zur Bestimmung der Körpergröße bezeichnen, weil zwischen verschiedenen Personen, Gruppen, historischen Zeitpunkten und Kulturen systematische Unterschiede aufträten. Man würde, weil etwa zwischen Mittelschicht- und Favelakindern in Brasilien deutliche Unterschiede in der Körpergröße auftreten (d=1,6, also weit höher als eine Standardabweichung von d=1; Prozentrang 52 und 16; Paine et al., 1992), nun die Qualität des Metermaßes als objektives und gültiges Maß der Körpergröße anzweifeln. Solle man dann die Körpergröße als kulturvoreingenommen oder ethnozentrisch verwerfen und »kulturfrei« etwa das »Fingerlängenverhältnis« oder kulturspezifisch-emisch die »Ohrlänge« oder anderes messen? Da Intelligenz sozialisationsabhängig ist, kann Intelligenzmessung nicht kulturfrei, höchstens nichtkulturspezifisch sein, indem von sprach- und schulspezifischem Wissen abgesehen wird.

Selbstverständlich sollten Personen zur Bestimmung allgemeiner kognitiver Fähigkeiten nicht mit einem Test gemessen werden, der in einer fremden Sprache verfasst ist oder der spezifisches Schulwissen erhält: In diesem Falle würde nicht mehr Intelligenz, sondern spezifisches Wissen geprüft. Das Konstrukt wäre ein anderes. Dies lässt sich am Beispiel »Schwimmen« verdeutlichen: Zweifelsohne schnitten Wüstenvölker in einem Test, der Schwimmfähigkeiten misst, schlecht ab, realiter würden sie schnell ertrinken, umgekehrt würden Angehörige aus Urwaldvölkern binnen kurzem beim Wassersuchtest verdursten. Die Tests erbringen deshalb aber kein falsches Ergebnis, Schwimm- und Wasserfindfertigkeiten sind trotzdem vergleichbar, falsch wäre jedoch eine Interpretation, die hier Umweltfaktoren und die Veränderbarkeit des Menschen durch Umwelt ausblenden würde und falsch wäre, fehlende Schwimmfähigkeiten bei Wüstenvölkern mit generell schlecht ausgebildeten motorischen Fähigkeiten gleichzusetzen!

9. *Minoritäten* und *Migranten.* In Deutschland bilden Intelligenz und kognitive Fähigkeiten von Migranten, insbesondere von Personen türkischer Herkunft und anderen Gruppen mit islamischer Religion (vgl. Vorgänge um den FU-Präsidenten Dieter Lenzen im Juli 2005, z. B. www.berlinonline.de/berliner-zeitung/archiv/.bin/dump.fcgi/2005/0716/berlin/0045/index.html, oder um Thilo Sarrazins Buch im Herbst 2010) ein umstrittenes Thema (vergleichbar

zu den USA, dort Unterschiede zwischen Menschen europäischer vs. Subsahara-Herkunft). Der Erziehungswissenschaftler Dieter Lenzen verwies etwa auf Ergebnisse der Studie von Tiedemann und Billmann-Mahecha (2004), die durch ältere und neuere Studien in und außerhalb Deutschlands bestätigt werden (z. B. Taschinski, 1985; Lynn u. Vanhanen, 2002; sowie PISA-Studien). Auch hier gilt genau das Gleiche wie für Länder- und Kulturunterschiede: Man sollte nach Möglichkeit die Phänomene unverstellt sehen, dann ihre möglichen Ursachen analysieren und gewichten und an effektiven Methoden zu ihrer Veränderung arbeiten.

10. *Sozialstatus.* Allgemeine These ist, unterschiedlicher Wohlstand führe zu unterschiedlicher Bildung und Intelligenz. Die Forschung zeigt aber, dass weniger Wohlstand, sondern Bildungs- und Erziehungspraxen relevant sind, die langfristig – zumindest in teilweise meritorischen Gesellschaften – sich in unterschiedlichem Sozialstatus und Wohlstand niederschlagen (Mayer, 1997; Saunders, 2002; siehe auch Abbildung 5).

Bildung – Definitionen, Begründungsmöglichkeiten und Bildungskritik

Bestimmte Formen von Erziehung und Bildung fördern die Kompetenzentwicklung. Unter *Erziehung* ist eine intentionale Beeinflussung von Personen durch andere, meist jüngerer (Kinder) durch ältere Personen (Eltern und andere Autoritätspersonen), zu verstehen. *Bildung* ist im Deutschen ein emphatisch aufgeladener Begriff (vgl. Arbeiten von Humboldt oder Jaspers), der neben Wissens- und Kompetenzvermittlung auch Persönlichkeitsformung und ethische Orientierungen einschließt. Im Englischen fallen beide Begriffe unter »education« zusammen.

1. Bildung (wie auch Kompetenz) ist als *funktionale,* als *instrumental-zweckdienliche* zur Erreichung konkreter und legitimer Ziele wie Gesundheit und Wohlstand begründbar. 2. Bildung und Kompetenzen sind Voraussetzung für individuelle wie gesellschaftliche *Emanzipation* und *Autonomie.* 3. Bildung und Kompetenzen ließen sich aber auch als *Kulturgüter* verstehen und beide als notwendig zum *Verständnis der eigenen kulturellen Herkunft* (in der

ersten Variante wären sie begründet über die Teilhabe an der eigenen Kultur, in der zweiten als Instrument zum Verständnis dieser). 4. Ohne Bildung und kognitive Kompetenz sind kaum *rationale Erkenntnis und Selbsterkenntnis* möglich. Die verschiedenen genannten Ziele, für die Bildung und Kompetenz zweckdienlich sind, unterscheiden sich in Außen-innen-Aspekten (physisch/psychisch) und in ihrer Dignität. Bildung und Kompetenz bezögen ihren Wert aber immer aus einem anderen, aus der Erreichung legitimer Ziele oder durch die Teilhabe an begründeten umfassenderen Phänomenen. 5. In einer letzten Variante stellen Bildung und kognitive Kompetenz Werte für sich selbst dar: Es ist gut und erfüllend, *Wissen zu erwerben, viel und Wertvolles zu wissen* und *Welt und sich zu verstehen.*

Diesen Begründungen lassen sich *Kritiken an Bildung* entgegenhalten: 1. Bildung, insbesondere bestimmte Formen der Schulbildung (Latein, Mathematik der Oberstufe, Citratzyklus etc.) seien *nutzlos.* Empirisch kann dies eindeutig zurückgewiesen werden. Selbst das Lernen inhaltlich im Alltagsleben kaum brauchbaren Wissens wie Latein schult das Denken (und Latein auch die muttersprachliche Kompetenz; Haag, 2001). Dies entbindet nicht von der Frage, ob andere Inhalte nicht noch bedeutsamer sein könnten. 2. Moderne Bildung sei *zu ökonomisiert und funktionalisiert,* insbesondere die Formen von Bildung, wie sie in PISA und anderen Schulleistungsstudien gemessen werden (z. B. Hopmann, Brinek u. Retzl, 2007). Hier kann man zum Teil zustimmen – Bildung besteht auch aus musischen Inhalten, aus purem Wissen, aus Geschichte und Kunst, aus der Schulung von Einstellungen – allerdings hat funktionalisierende Denkschulung positive Nebeneffekte wie auf Moralentwicklung und Demokratie (Rindermann, 2008d).

Weit fundamentaler ist eine Kritik, die Bildung als solcher oder in Nebeneffekten *negative Wirkungen* unterstellt: 3. Aus der *Religion* kommend, Bildung (bzw. das durch Bildung vermehrte Wissen und die höhere Intelligenz) schade dem Glauben und dem Finden wahren Wissens (schon im Neuen Testament und bei Augustinus; empirisch finden sich negative Korrelationen zwischen Religiosität, in der Regel als »belief in God«, und Intelligenz; Lynn, Harvey u. Nyborg, 2009); aus der *Politik* kommend, Bildung fördere den

Oppositionsgeist (Rindermann, 2008d); aus der *Philosophie* kommend, herkömmliche Bildung oder Bildung an sich als Verbildung schadeten echter Bildung oder der Authentizität. Diese Kritikpunkte sollen etwas ausgeführt werden:

Augustinus in den Confessiones: Bildung verstelle die Suche nach dem eigentlich Bedeutsamen: »Und so lange voraus wissen sie der Sonne Finsternis zu verkünden und sehen nicht zur Stunde die eigene Finsternis.« »Viel Wahres sagen sie von der Schöpfung, den Künstler der Schöpfung aber, die Wahrheit, den suchen sie nicht in Frömmigkeit, und darum finden sie ihn nicht« (V, 3).

Nach *Jean-Jacques Rousseau* (Émile) fördere die übliche Bildung eine Entfremdung von der Natur des Menschen. Der Mensch würde zu einer gesellschaftlichen Scheinexistenz, lerne, sich mit den Augen anderer zu sehen und werde so von sich selbst entfremdet. Echte Bildung in Auseinandersetzung mit der Natur und ihren Härten und durch sie als Vorbild führe jedoch zur wahren Natur des Menschen. *Franz Kafka* sieht in Bildung und Erziehung eine inhumane Dressur zur Unwahrheit. »Wie ja allerdings wahrscheinlich alle Erziehung nur zweierlei ist, einmal Abwehr des ungestümen Angriffs der unwissenden Kinder auf die Wahrheit und dann sanfte unmerklich-allmähliche Einführung der gedemütigten Kinder in die Lüge« (Kafka, 1936, S. 317).

Friedrich Nietzsche schließlich gehört zu den heftigsten und spöttischsten Kritikern bestimmter Formen von Bildung und des theoretischen Menschen (»Gelehrte«). Die Bildung der »Bildungsphilister« (oberflächliche, unschöpferische Bildungsanhänger) und Bildung als historischer Sinn lähmten das Leben, führten zu Wiederkäuerei des von anderen oder früheren Generationen Geschaffenen, zu krämerischer Beschäftigung mit unbedeutenden Detailfragen und hinderten so die Entfaltung eigenen, unbekümmerten, nichtutilitären Denkens und Lebens einer Person oder Kultur. Als Gebildeter würde man in der Tradition, in einer Vielzahl unwichtiger Bildungsgüter ersticken.

Versuch einer Antwort: Nietzsche fordert in seiner Gelehrtenkritik zum *eigenständigen Denken* auf. Menschen, Wissenschaftler wie Nichtwissenschaftler, sind aber in ihrem Wissen und ihrer Bildung weitestgehend auf das von anderen entwickelte Wissen angewiesen. (Beinahe) niemand hat den Satz des Pythagoras oder ein Lexikon selbst erarbeitet – allein schon wegen eingeschränkter Zeit ist man auf das von anderen erarbeitete Wissen angewiesen. Zudem ist die Abweichung in Positionen und Einschätzungen von anderen, von dominierenden Positionen und Zeitströmungen, die zwangsläufig dem eigenen Ausarbeiten und Denken folgt, immer *riskant,* von größerer Irrtumswahrscheinlichkeit, größerem Begründungsaufwand und höherer Wahrscheinlichkeit negativer Sanktionen begleitet.

Oberste Priorität hat die *Richtigkeit* des Denkens. Übernahme des Wissens von anderen und selbständiges Durchdenken dieses Übernommenen wie des selbst Erarbeiteten führen am ehesten zu diesem Ziel. Symmetrie zu den Verhältnissen zieht mit hoher Wahrscheinlichkeit Erfolg im Gegebenen nach sich, bloße Symmetrie ist aber nicht schöpferisch und inhaltlich nicht immer richtig. Wie aber asymmetrisch und zugleich richtig Denken? Woher wissen, was richtig ist? – Durch Orientierung an Rationalität und Reflexivität.

Nietzsches Kritik an Bildungsphilistern ist nicht einzigartig. Schon in der Romantik und davor durch *Schiller* mit seiner provokanten Antrittsvorlesung, in der er Brotgelehrte von philosophischen Köpfen unterschied und indirekt damit eine Mehrheit der Kollegen angriff (ohne brauchbare Brotgelehrte bräche jedes Hochschulsystem zusammen), wurde Ähnliches formuliert. *Geistige Selbständigkeit* stellt den normativen Kern der Kritik Nietzsches dar und damit ist er ein nicht untypischer Vertreter okzidentalen Denkens und okzidentaler Intellektueller seit der griechischen Antike. Aber erst über Bildung und Aneignung der kulturellen Tradition ist überhaupt ein wechselseitig bestimmtes Verständnis von Welt und Selbst möglich. Lernen von anderen ist notwendig *und* eine an Rationalität und Reflexion orientierte geistige Selbständigkeit. Denken wiederum ist angewiesen auf durch bestimmte Formen von Erziehung und Bildung gefördertes Wissen und geförderte Intelligenz, auf Freiheit, ein erträgliches ökonomisches Auskommen und auf Zeit – Bildung und Denken erfordern viel funktionsfreie Zeit, klassisch: *Muße.*

Bildungsinhalte

Bildung umfasst Wissen, Kompetenzen, Präferenzen, Interessen, Moral und eine bestimmte geistig-seelische Haltung. Bildung stellt die subjektive (persönliche) Aneignung des objektiven (gegenständlichen) Gehalts der Kultur dar. Bildung stellt einen Prozess (Bilden) und ein Produkt dieses Prozesses (Gebildetheit) dar. Bildung findet in nichtinstitutionalisierten (Familie, Freizeit) und institutionalisierten Umgebungen (Schulen) statt.

Bildungsinhalt – was Bildung ist, sein kann oder sein soll – wird in empirisch-forschenden Beiträgen wie der Psychologie meist nicht definiert. Bildungsinhalte sind nicht leicht begründbar. Es fließen anthropologische und kulturelle normative Vorstellungen ein. Was relevant ist, legen – deskriptiv betrachtet – Wissenschaften, Universitäten, Kultusministerien, Schulen, Gesellschaft, Zeitgeist, Moden, Medien und einzelne Autoren explizit oder implizit fest. Wichtige Bildungsinhalte sollen kurz vorgeschlagen werden:

- *Wissen:* Kenntnis relevanter Wissensinhalte. Konkret Kenntnisse in *Sprachen* (Muttersprache, Verkehrssprache, Fremdsprachen); in *Mathematik;* in *Naturwissenschaften* (Physik, Chemie, Astronomie, Biologie, Medizin); in *Sozial- und Geisteswissenschaften* (Geschichte, Kultur, Literatur, Geographie, Gesellschaft, Menschenkunde); in *Kunst und Musik;* in *Wirtschaft und Recht;* und *Alltags- und Weltwissen* (Bedienung von Geräten, »tacit knowledge«).
- *Kompetenzen:* Fähigkeit, relevante Wissensinhalte zu erwerben, zu verstehen, in ein sinnvolles Ganzes zu bringen, zu bewerten, anzuwenden und innovativ zu verändern. Hinzu kommen nichtwissensbezogene Fähigkeiten. Konkret: *Denken und Urteilsvermögen; Leseverständnis; mündlicher und schriftlicher Ausdruck; mathematisches, statistisches und naturwissenschaftliches Verständnis;* Spielen von *Musikinstrumenten; Lernen; emotionale und soziale Kompetenzen; Selbststeuerung* (Ziele selbst setzen, zielführende Handlungen selbst initiieren, Handlungen selbst überwachen und bewerten, eigene Handlungs- und Zielkorrektur); *Kompetenzen und Fertigkeiten des Alltagslebens* (Schwimmen, Radfahren, Autofahren, Organisation, Konversa-

tion, Umgangsformen, Verhandlung, Mediennutzung, gesunde Lebensführung usw.).

- *Präferenzen und Geschmack:* Schönes, Ästhetisches und Wichtiges von Nichtschönem, Unästhetischem und Unwichtigem unterscheiden zu können. Ästhetisch-evaluatives Urteilsvermögen. Zu den Inhaltsgebieten gehören: Lebensgestaltung, Essen, Kleidung, Musik, Kunst, Literatur, Film, Stil, Einrichtung.
- *Interessen und Handlungsbereitschaften:* Interesse für Bildungsinhalte und Kultur. Interesse an Erkenntnis. Bereitschaft, sich für Bildung und Bildungserwerb angemessen zu engagieren.
- *Moral:* Ethische Grundhaltung gegenüber anderen, anderem und sich.
- *Geistig-seelische Haltung:* Nachdenklicher Umgang mit den Prinzipien und Phänomenen der eigenen Kultur, des eigenen Lebens, fremder Kulturen und des Lebens anderer. Reflexion und Selbstreflexion. Sich im Denken orientieren. Probleme zulassen und durch Nachdenken und Argumentation lösen. Intellektuelle Befähigung und Selbständigkeit. Vernünftige Selbstbestimmungsfähigkeit und emanzipatorische Selbständerungsfähigkeit zu seelisch-geistiger Freiheit.

Was im Detail dazu gehört, müsste in genauen Beschreibungen festgehalten und begründet werden. Auf jeden Fall fallen unter Bildung nicht nur Wissen und Kompetenzen, sondern auch Einstellungen und Haltungen, damit explizit Orientierungen an Werten.

Die kulturelle Herkunft okzidentaler Bildungs- und Kompetenzwertschätzung

Das skizzierte Bildungs- und Denkethos ist auf dem Hintergrund spezifischer kultureller und weltanschaulicher Orientierungen entstanden. Ein vergleichbares Bildungsethos entwickelte sich außerhalb einer europäischen Tradition (einschließlich des Judentums und der von Europäern besiedelten Regionen) auch in Ostasien. Hier allerdings ohne den Spannungsbogen zwischen Autonomie, Freiheit und Offenheit auf der einen Seite und Struktur, Ordnung und Normorientierung auf der anderen. Worauf lässt sich diese historisch einmalige Entwicklung zurückführen?

Griechisch-römische Antike

Nahezu alle modernen geistigen Strömungen einschließlich der modernitätskritischen wie von Nietzsche und Heidegger (und bis zu Slotedijks Kynismus-Rezeption) gründen auf Vorarbeiten der griechisch-römischen Antike. Humanismus und Renaissance, Aufklärung und Neohumanismus, Idealismus oder Empirismus, Konstruktivismus oder Realismus usw. können auf antike Vordenker zurückschauen. Durch Personen wie Sokrates, Aristoteles und Marc Aurel, durch Bildungseinrichtungen wie das Gymnasium oder die Schule überhaupt, durch politische Institutionen wie die der Republik, der Wahl, der Demokratie, des Rechts und des Gerichts oder durch Autoren wie Aristophanes und Seneca wurde zumindest ansatzweise eine kulturelle Atmosphäre der Wertschätzung von Bildung und Denken geschaffen, eines *Denkens*, das in der *eigenen Vernunft*, an der *alle teilhaben* können, gegründet ist. Nur das gilt, was vor der Prüfung durch das eigene Denken als Teil eines größeren Ganzen bestehen kann. Weltanschauliche Fundamente wie *Freiheit* und *Autonomie, Individualität* und *Recht, bürgerlicher Universalismus* unabhängig von Religion, Volkszugehörigkeit sowie Rasse und *Humanität* sind formuliert und zumindest partiell verwirklicht worden. Daneben gab es irrationale Kulte, Astrologie, Sklaverei, Unfreiheit der Frau, staatliche Tötungsspiele, Tyrannis etc. (z. B. Oesterdiekhoff, 2007). Deren Existenz ist aber der Normalfall der Geschichte; das besondere ist, dass sich anderes auch entwickeln konnte.

Im Vergleich zum pharaonischen Ägypten, dem jüdischen Palästina, zu Persien, Sparta, den Germanen, Skythen, Mongolen usw. entstand welthistorisch zum ersten Mal eine *intellektuell autonome Bürgerschicht,* nicht unterjocht von religiösen oder weltlichen Herrschern; in der Polis und im republikanischen Rom gingen Führer als für Zeit Gewählte aus ihr hervor. Voraussetzung hierfür ist Selbststeuerungsfähigkeit. Ein Zitat von Aristoteles aus der Nikomachischen Ethik (1995/–322, IV, 14, 1128a, S. 97) verdeutlicht es: »Der freie und gebildete Mann wird sich nun von selbst so verhalten, indem er sich selbst gleichsam Gesetz ist.« Selbststeuerungsfähigkeit ist ohne eine diese fördernde Erziehung und Bildung nicht möglich.

Christentum und seine Entwicklung

Ursprünglich war die christliche Religion *bildungskritisch.* Wenn es eine explizit bildungsskeptische Religion geben sollte, dann ist es das frühe Christentum. Immer wieder wird im Neuen Testament gegen die Schriftgelehrten angeschrieben. Bildung fördere aus christlicher Sicht nicht den Glauben, behindere ihn sogar. Für Max Weber war »gerade der Gegensatz gegen jedes vornehme Intellektuellentum das grundlegend Wichtige« des frühen Christentums (Weber, 1988/1921, S. 251). Hinzu kommt ein irrationaler Wunderglaube gerade in der Beschreibung des Lebenswandels des Religionsstifters Jesus. Die Kirchenväter Augustinus (354–430) und Tertullian (ca. 155–220) waren bildungs- und vernunftkritisch, als oberste Autorität galten die Bibel und der Glauben bzw. die Auslegung und die Glaubensvorschriften der Amtskirche. Denken, theoretische Neugierde, Interesse an Erkenntnis und der Natur bedurften ausdrücklicher Rechtfertigung, bloße Neugierde wurde als cupiditas problematisiert (wie Petrarca, 1995/1336).

Die christliche Religionsausübung insbesondere durch katholische und orthodoxe Amtskirchen war jahrhundertelang eine unfreie. Beginnend mit Augustinus wurden ein Zwang zum Bekenntnis und der Zwang zu einer gegebenen Interpretation der Heiligen Schriften und eines Glaubenskanons ausgeübt. Allerdings wohnt den christlichen Schriften ein *interner Pluralismus* inne. Das Evangelium liegt nicht nur einfach vor, sondern in vier verschiedenen Varianten. Sie stellen nicht direkt Gottes Wort, sondern Gottes Wort, aufgeschrieben von verschiedenen, prinzipiell irrtumsbelasteten Menschen dar. Apokryphen mussten ausgesondert werden. Verschiedene Interpretationen durch mehrere Apostel begleiten im Neuen Testament die vier Evangelien. Dieser interne Pluralismus erleichtert *Freiheit* und die Abkehr von einem bloßen Buchstabenglauben: Wenn die Wahrheit in verschiedenen Varianten vorliegt, dann kann sie nicht als eine einzige glaubwürdig vorgegeben werden. Zudem darf der große Umfang Heiliger Schriften in Form von Altem und Neuen Testament nicht übersehen werden, ein *Auswendiglernen ist unmöglich,* Widersprüche sind unübersehbar. Das *selber Denken* und *selber Interpretieren* werden erleichtert.

Das Christentum war immer eine *universalistische* Religion (Meyer, 2005/1987, S. 38 f., 59, 182, 188). Universalismus als Entwicklung von und Bindung an allgemein gültige Regeln im Glauben, Denken und Handeln unter Abstrahierung von spezifischen Merkmalen der Person (Volk, Alter, Geschlecht, Aussehen, im gelebten Christentum, aber nie von Religion) hat eine förderliche Wirkung auf die Entwicklung einer universalen Ethik des Denkens und Handelns. Hinzu kommen förderliche Entwicklungen innerhalb des Christentums wie die der *augustinischen Wahrhaftigkeit* und der *thomistischen Vernunft,* die zusammen mit der universalistischen Ethik und den machtdistanten Überzeugungen des Religionsstifters Jesus die Entwicklung der Aufklärung aus dem Christentum heraus beförderten.

Direkt positive Wirkungen auf Bildung und Denken erfolgten über die Förderung des Lesens (insbesondere im *Protestantismus;* vgl. Lenhart, 1998), der Forderung nach eigenem Verstehen und Denken und über Schulbildung an sich durch und für Geistliche und kirchliche Gelehrte. Beispielsweise Hegel (1999/1821, Vorrede, S. 17): »Es ist ein großer Eigensinn, der Eigensinn, der dem Menschen Ehre macht, nichts in der Gesinnung anerkennen zu wollen, was nicht durch den Gedanken gerechtfertigt ist, – und dieser Eigensinn ist das Charakteristische der neueren Zeit, ohnehin das eigentümliche Prinzip des Protestantismus.«

Im Mittelalter waren die *Klöster* Bewahrer der Bildung (Gouguenheim, 2008) und viele Orden hatten und haben sich Erziehung und Bildung zur Aufgabe gemacht (Jesuiten, Salesianer, Consolata). Im Hochmittelalter sprach sich (neben anderen wichtigen christlichen Gelehrten) *Thomas von Aquin* (1225–1274) explizit für den Gebrauch der Vernunft aus. Katholische Denker wie Thomas bewegten sich in einem intellektuell anregenden Umfeld von Klöstern, Universitäten und Schulen und konnten sich in persönlichem oder schriftlichem Verkehr mit Gleichgesinnten oder Gegnern und ihren Werken auf hohem intellektuellem Niveau austauschen (Abaelard, Albertus Magnus, Anselm von Canterbury, Duns Scotus, Ockham).

Nach Sombart war die Grundidee der thomistischen Gesetzesethik die *Rationalisierung* des Lebens: *Vernunft* habe die Aufgabe, Sinnlichkeit, Willen und Passionen auf die Vernunft hin auszurichten, ein System von Vernunftregeln erhielt höchste Weihe durch die Autorität der Kirche. Folge sei ein »geistiges Training« (1913, 19, S. 307 ff.). Aus der Summe der Theologie: »Sünde in den menschlichen Tätigkeiten ist das, was gegen die Ordnung der Vernunft sich richtet.« »Je notwendiger etwas ist, desto mehr muß mit Rücksicht hierauf die Ordnung gewahrt werden, wie solche durch die Vernunft festgestellt wird« (IIa, IIae qu., 153a 2 und 3; nach Sombart). Schon ein Blick ins Inhaltsverzeichnis der summae und der dort angeführten Begriffe zeigt die hohe Wertschätzung des Denkens (12, 14, 16, 79, 84–89): »Erkenntnis«, »Wissen«, »Verstand«, »Denken«, »Verstehen«, »Wahrheit«. Für John W. Meyer (2005/1987, S. 182) stand Thomas von Aquin gar für »Vernunftverherrlichung«. Oder die scholastische Entwicklung von Diskursregeln wie »sic et non« nach Abaelard (1079–1142), erst die Meinung dafür hören, dann die Meinung dagegen und schließlich die Lösung finden. Ebenso die Form des Unterrichts bei Thomas als lectio und *quaestio,* letzteres als *»Suche, Frage, Untersuchung«,* Fragen sind durch Lernende zu stellen, der Lehrer muss seine Antwort *begründen.* Besonders aufschlussreich ist die Art der Gliederung der Kapitel im Hauptwerk von Thomas, der Summe der Theologie: Zunächst wird eine Frage gestellt (Fragen als Ausgangspunkt des Denkens), dann werden darauf Antworten unterschiedlicher Herkunft formuliert, die im nächsten Schritt mit Gegenstandpunkten konfrontiert werden. Schließlich der Versuch, darauf aufbauend eine eigene, abschließende Antwort zu finden (»respondeo«).

Humanismus und Aufklärung entstanden gegen den Widerstand der Amtskirche, fanden neben der griechisch-römischen Antike aber ihre zweite Wurzel gerade im Christentum und in christlichen Denkern, im *Universalismusanspruch* (das Universalismusprinzip erleichtert ein Denken in allgemein gültigen Prinzipien), in der *Wahrhaftigkeitsnorm* (Wahrheit und Wahrhaftigkeit als Normen eigenen Denkens und Handelns) und in der *Ablehnung magischer Praktiken.* Hinzu kam die Bereitschaft, das philosophische Erbe der Antike aufzunehmen und ins christliche Denken zu integrieren, auch deshalb, weil das Christentum inhaltlich dazu anschlussfähig war. Dazu Max Horkheimer (1997/1947, S. 71, 89):

> »Seit den frühesten Anfängen der Kirchengeschichte war Aufklärung der Kirche keineswegs äußerlich oder in die Hölle der Häresie verbannt, sondern nahm in weitem Maße ihren Lauf innerhalb der Kirche. Thomas half der katholischen Kirche, die neue wissenschaftliche Bewegung in sich aufzunehmen, indem er die Inhalte der christlichen Religion mit den liberalen Methoden der Analogie, Induktion, der begrifflichen Analyse, der Deduktion aus angeblich evidenten Axiomen und durch den Gebrauch der aristotelischen Kategorien uminterpretierte. […]
>
> Oft haben in der Geschichte der abendländischen Kultur die katholische Kirche und ihre großen Lehrer der Wissenschaft geholfen, sich von Aberglauben und Scharlatanismus zu emanzipieren. […] Der Aufstieg der europäischen Wissenschaft ist ohne die Kirche undenkbar. Die Kirchenväter führten einen unnachgiebigen Kampf gegen alle Arten von ›Nervenschwäche‹ darunter gegen Astrologie, Okkultismus und Spiritismus.«

Bürgerliche Welt

Auch wenn die Relevanz des Christentums, insbesondere die Variante eines Professors aus Wittenberg, für die Entwicklung der Aufklärung unbestreitbar ist, so sollte nicht vergessen werden, dass dies eine Entwicklung aus dieser Religion heraus und gegen viele ihrer dogmatischen (als gegeben hinzunehmenden) Glaubenssätze war (Groethuysen, 1978/1927). Entscheidend war vermutlich die griechisch-römische Antike, deren Rezeption beginnend mit dem 13. Jahrhundert (Nelson, 1977) die Entstehung einer bürgerlichen Welt ermöglichte, die schließlich in Aufklärung und Moderne mündete. Die bürgerliche Welt kann ohne autonome wie rationale Denkfähigkeit und als Voraussetzung ihrer ohne Bildung nicht existieren.

Als Merkmale der bürgerlichen Welt sollen bestimmte *Weltanschauungen, Gesellschaftsformen, Lebensstile und Personeneigenschaften* aufgefasst werden: *Fleiß* (Anstrengungsbereitschaft, Leistungsbereitschaft, Arbeitswille), *Regelorientierung und Ordnung* (Berechenbarkeit, Verlässlichkeit, Zuverlässigkeit, Ehrlichkeit, Umgangsformen, objektive Ordnung und subjektive Disziplin, Emotionsregulation, Mäßigkeit bis zur Langeweile, stabile soziale Struktur im nahen als Familie und im weiten als Rechtsstaat), *Meritokratie* (Anerkennung und Belohnung von Leistung, Leistungsorientierung; Verteilung von Positionen, Einkommen und Reputation nach Leistung als normatives Prinzip, deskriptive Unterstellung und in partieller Realisation; Anwendung aussagekräftiger Verfahren zur Feststellung von Leistung, Leistung als Indikator für Fähigkeit, Leistungsfreiheit), *Wertschätzung, Bildung und Gebrauch des Denkens als leistungsförderliches Mittel* (Nutzung des Denkens für die Problembewältigung, Planung und Kalkulation; Ausbildung des Denkens, der Denkfähigkeit und des dafür notwendigen Wissens; Rationalität; nur am Rande auch Reflexion), *nützlich-effizient-sparsamer Umgang mit Ressourcen* (mit Zeit, Kompetenzen, Kapital, Rohstoffen, Material und Menschen), *Realismus und Pragmatismus* (realistische Orientierung in Welt und Leben, im Umgang mit Menschen und als Einstellung zur Kunst; kein Extremismus im Denken oder Leben, sondern sensus communis, Anpassungsfähigkeit, Fungibilität und Funktionalität; Kompromiss, Vorsicht und Voraussicht), *Rechtsstaatlichkeit* (kodifiziertes Recht wird zur Lösung von Problemen genutzt, insbesondere bei innerstaatlichen Problemen; funktionierende Rahmenbedingungen des Rechtsstaats wie agierende Legislative, funktionale Judikative und effektive Exekutive; geltendes Recht wird durchgesetzt und praktiziert; Menschenrechte und Eigentumsschutz), *funktionale Regierungsform* (eine Regierung handelt und kann ihre Entscheidungen durchsetzen, Regierungspraxis ist an Funktionalität und an ethischen Normen orientiert, Kontrolle der Führung; im Okzident Demokratie, Gewaltenteilung und Liberalität), *Eigenständigkeit* (Gesellschaft, Wirtschaft, Familien und Menschen steuern, produzieren und reproduzieren sich selbst), *bürgerliche Weltanschauungen* (Orientierungen, die die genannten Aspekte präskriptiv und deskriptiv beinhalten: z. B. Leistungsgerechtigkeit, rationales Weltbild, Freiheit, Gleichheit).

Am Ausgangspunkt bürgerlichen Denkens der Neuzeit steht Leon Battista Alberti. Alberti (1404 in Genua bis 1472 in Rom) ist als Humanist, Erfinder und Architekt, als Theoretiker der Architektur und der Kunst, als Dichter und Verfasser der ersten Grammatik des Italienischen bekannt geworden. Für Jacob Burckhardt war Alberti das Beispiel eines uomo universale der Renaissance. Von ihm stammt eines der ersten und zugleich wirkungsmächtigsten und umfangreichsten »Lehrbücher« bürgerlicher Orientierungen, die zuerst innerhalb einer Kaufmannsschicht entstanden sind und später in breitere gesellschaftliche Schichten diffundierten. Einige Vorstellungen von ihm zur Belegung der These, *die Fähigkeit zum Denken sei ein bürgerliches Phänomen und auf gesellschaftlicher Ebene aus der Entwicklung der bürgerlichen Welt verständlich,* sollen hier kurz skizziert werden (aus Albertis »Della Famiglia«, 1986/1441):

Das Individuum wird als ein Teil einer *Familie* betrachtet. Neben dem Individuum gilt die Familie gleichrangig als Einheit der Überlegungen von Alberti: Familien handeln, haben Normen, sind erfolgreich oder nicht erfolgreich. Die Familie sollte im eigenen Haus wohnen und auf angemessene Nachkommenzahl ist zu achten. Kinder ohne eigene Kinder sollten enterbt werden. Der Vater gehört in die Familie und hat Zeit für die Erziehung der Kinder aufzubringen: »Um die Kinder muß man sich also zuerst kümmern und dann erst um die Sachen, die wir uns verschaffen, damit sie unseren Kindern nützlich und bequem seien« (I, S. 65).

Eltern haben die Pflicht zur *Erziehung.* Die Erziehung ist an einem heute autoritativ zu nennenden Erziehungsstil orientiert (s. u.). Erziehung soll mit *begründbaren und klaren Regeln und mit Worten* arbeiten; *Benevolenz,* das Wohl aller und des zu Erziehenden, bildet den Rahmen. Strafen sind nur bei Notwendigkeit einzusetzen. Eltern sollen den Kindern ein gutes Vorbild sein:

> »Er [Der Vater] muß alles, was innerhalb und außerhalb des [eigenen] Hauses Brauch ist, prüfen und jede Sitte, die nicht gut ist, es sei wessen immer aus dem Hause, rügen und abstellen; mehr mit verständigen Worten als mit Entrüstung, mehr durch sein Ansehen als durch Gewalt; sich den Anschein zu geben zu raten, wo es mehr hilft als Befehlen« (I, S. 20).

Bildung ist für das eigene Leben und den Staat *nützlich. Bildung und Wissenschaft werden wertgeschätzt.* Durch Übung, Fleiß und Bildung ist viel zu erreichen. *Der Mensch ist durch sie fremd- und selbstperfektibel:*

»Wer wüßte nicht, daß das erste, was not tut, die Geistesbildung ist; so sehr das erste, daß selbst ein geborener Edelmann ohne Bildung nur für einen Tölpel gelten wird! Ich für meine Person wünschte mir die jungen Edlen öfter mit einem Buch in der Hand als mit dem Falken auf der Faust zu sehen« (I, S. 85).

»Man sagt, daß der Mensch kann, was er will, wenn er alles, was er kann, einsetzt für das, was er will. Wenn du dich anstrengst, wie gesagt, mit allen deinen Kräften und Fähigkeiten, so zweifle ich nicht im mindesten, daß du, in welcher Betätigung auch immer, zur ersten und höchsten Stufe der Vollkommenheit und des Rufes aufsteigen wirst« (II, S. 176).

»Bei euch steht es, die Gaben zu nutzen, deren ihr von Natur, meine ich, nicht wenig und nicht geringe besitzet, und sie durch Eifer und Übung in tüchtiger Tätigkeit und durch eine Fülle edler Künste und Wissenschaften auszubilden« (I, S. 30).

[Bei Kindern sollte man] »Jeden Abend abhören, was sie den Tag über gelernt« (I, S. 63).

Das Leben ist *vorsichtig* und maßvoll zu führen. Unnötige Gefahren sind zu meiden. Tugenden und Ideale wie die der Bildung sind zu verfolgen, aber nicht als absolut gesetzte Ziele, sondern als wichtige, *meist auch funktional begründete Ziele.*

»Wie sehr literarische Bildung, ich sage nicht nützlich, sondern notwendig ist für den, der die Dinge lenkt und steuert; und ich will nicht beschreiben, wie sehr sie den Staat veredelt« (I, S. 87).

Menschen seien für das, was sie im Leben erfahren, *meist selbst verantwortlich.* Durch eigenes Handeln werde Erfolg oder Misserfolg hervorgerufen. Fähigkeiten seien veränderbar (vgl. inkrementelle Intelligenztheorien, wie in Ostasien üblich). Abgelehnt wird, eigene Probleme anderen oder äußeren Bedingungen anzulasten. In seinen ersten Zeilen des Buches unter der Überschrift »Glück oder Tugend?« widmet er sich ausführlich dieser ihm wichtigen Überzeugung.

»Ich sehe, daß von vielen dem Glück oft ohne wahren Grund die Schuld gegeben worden ist, und entdecke, daß so manche, die durch eigene Torheit ins Unglück geraten sind, sich über das Glück beschweren und klagen, daß sie von der Gewalt seiner Wogen umhergeworfen werden, in die sie sich doch töricht selbst gestürzt haben; und so geben sie gar unvernünftig fremde Macht für die Ursache ihrer eigenen Irrtümer aus« (Vorrede: Glück oder Tugend?, S. 4).

»Und so wirst du bei jeder Tätigkeit, die Ruf und Auszeichnung einbringt, das Glück nicht ausschließen können, wohl aber durch Klugheit und planmäßiges Handeln seine Macht einschränken« (II, S. 188).

Alberti lehnt sowohl Verschwendung als auch Geiz ab, Ziel ist ein sinnvoller Umgang mit Geld, um es für gute Dinge ausgeben zu können. *Sparsamkeit ist funktional,* um Geld für Gutes zu haben und um für Notzeiten gewappnet zu sein (Langsicht, Voraussicht).

»Bedenke, daß nichts geeigneter ist, nicht nur eine Familie zugrunde zu richten, sondern eine Gemeinde, ein Land, als diese – wie nennt ihr sie nur in euren Büchern, diejenigen, die ohne Verstand Geld ausgeben?« (III, S. 208).

Zeit wird als wertvollstes Gut betrachtet, das sinnvoll einzusetzen ist:

»Wer die Zeit anwendet, um Löbliches zu lernen, zu denken, zu üben, der macht sie sich zu eigen; wer aber eine Stunde nach der anderen müßig verstreichen läßt, ohne irgendeine ehrenwerte Betätigung, der, gewiß, verliert sie. [...] So werdet ihr finden, daß die Zeit bei weitem das Kostbarste ist« (III, S. 217f.).

Menschen sollen sich anstrengen. *Anstrengung* wird als Selbstwert und als Weg zu wichtigen Zielen, als Mittel zur Vermeidung von Lastern und als Methode zur Erreichung von zuvor als unerreichbar betrachteten Zielen, wertgeschätzt.

»Der Mensch ist nicht geboren, um verliegend hinzuwelken, sondern um aufrecht tätig zu sein« (II, S. 167). »Müßiggang ist aller Laster Anfang« (I, S. 94).

Reichtum ist anzustreben, »um eine Familie glücklich zu machen und zu erhalten« (II, S. 180). Reichtum und Geldgeschäfte sind nicht unehrenhaft, da für Familie, Freundschaft, Ruhm, Ansehen und Vaterland nützlich (II, S. 181). Es ist allerdings nicht so viel zu arbeiten, »daß man außerdem zu keiner lobenswerten Beschäftigung mehr zu brauchen ist« (II, S. 192). Alberti vertritt kein protestantisches Arbeitsethos, Arbeit ist nicht Selbstzweck. Im Beruf und sozialen Verkehr ist *ethisch orientiert* zu handeln:

> »Bei jedem Kauf und Verkauf soll Aufrichtigkeit, Wahrheit, Zuverlässigkeit und Rechtschaffenheit herrschen, und zwar ebensosehr einem Fremden wie einem Freunde gegenüber: mit allen klar und eindeutig« (III, S. 326; vgl. Quäker bei Max Weber).
>
> »Er soll bedenken, daß sein Widersacher, so niedrig er sein mag, doch ein Mensch ist … Man begehe während der Feindseligkeit nichts, wodurch, wenn später einmal die gegenseitige Vergeltung aufgehört hat, Abscheu vor der betätigten Bosheit und verbrecherischen Grausamkeit zurückbleibt« (IV, S. 432 f.).

Gewalt als Instrument der Politik wird abgelehnt. Das Gemeinwesen darf nicht durch Willkür und Gewalt, sondern soll durch gute *Gesetze (buone leggi)* gesteuert werden. Insofern ist Alberti ein früher Anwalt des Rechtsstaates. Dazu gehören auch der Respekt vor dem *Eigentum* und der Respekt vor individuellen *Freiheitsrechten:*

> »Die Dinge gebrauchen oder bewahren zu wollen, die einem anderen gehören, wäre entweder Anmaßung oder geradezu Gewalt und Unrecht« (III, S. 215).

»Und vor allem liebt der Mensch von Natur aus die Freiheit, er liebt es, sich selbst zu leben, sein Eigen zu sein« (III, S. 216). *Das Handeln ist durch das Denken zu steuern,* durch »reifliche Erwägung« (Vorrede, S. 8). Das Denken gehöre zu den wenigen Dingen, die einer Person eigen seien. Die *Orientierung des Individuums im Denken* – wie von Kant 300 Jahre später formuliert – ist für Alberti schon um 1440 Norm:

> »Ich habe mich mein Leben lang bemüht, die Dinge mehr durch eigene Erfahrung als durch die Aussagen anderer kennenzulernen, und was ich denke, verdanke ich mehr der Wirklichkeit als den Beweisgründen eines

> anderen. Und weil einer von denen, die den ganzen Tag über Büchern sitzen, mir sagt: so ist es, so glaube ich ihm darum nicht, wenn ich nicht einen offenbaren Grund sehe, der mir zeigt, daß es so ist, statt mich bloß zu nötigen, es zuzugeben. Und wenn ein anderer, der nicht gebildet ist, mir denselben Grund anführt, so glaube ich ihm ebenso, auch ohne Anführung von Autoritäten, wie dem, der mir Zeugnisse aus dem Buche gibt; denn ich denke: der es geschrieben hat, war doch ein Mensch wie ich« (III, S. 210).

In dieser Betonung *intellektueller Autonomie* unterscheiden sich Alberti und die okzidentale Tradition von der ostasiatischen (vgl. das berühmte Interview mit dem langjährigen Führer Singapurs, Lee Kuan Yew, in »Foreign Affairs«; Zakaria, 1994).

Alberti hebt als Lebensideale Familie mit Kindern, Erziehung, Bildung, Sparsamkeit, Vorsicht, Eigenständigkeit, Selbstverantwortung, langfristig planendes Handeln und Orientierung in Denken und Erfahrung hervor. Diese sind interdependent: Ohne Erziehung und Bildung kein Denken und ohne Denken kein langfristig planendes Handeln und Selbstverantwortung und ohne Selbstverantwortung kein Denken. Und ohne Kinder langfristig gar nichts von alledem.

Vorgänger und Nachfolger Albertis als Theoretiker, Beschreiber und Vertreter der bürgerlichen Gesellschaft sind vor allem Aristoteles und John Locke, im weiteren Sinne eine Vielzahl angelsächsischer und französischer Aufklärer (z. B. Hume, Jefferson und Montesquieu) mit ihrer Betonung von Gleichheit und Freiheit der Menschen, von Eigentumsrecht und juristischer Eingrenzung und Regelung staatlicher und privater Macht, von gesundem Menschenverstand und Mäßigkeit, von Empirismus und Vernunft.

In etwas harscherer Sprache und weniger gemildert durch ein »Sowohl-als-auch-Denken« findet man Ähnliches in Hegels Rechtsphilosophie, hier seien nur wichtige Begriffe aus dem Inhaltsverzeichnis genannt: Recht, Eigentum, Vertrag, Moralität, das Gute und das Gewissen, Sittlichkeit, Familie, Ehe, Erziehung der Kinder, Arbeit, Vermögen, Rechtspflege, Gesetz, Gericht, Polizei, Staat, Regierungsgewalt. Hinzu kommt Freiheit einschließlich einer Ablehnung aller Sklaverei.

Aufklärung

Der normative Gehalt der Aufklärung ist eindeutig: selbständiges und richtiges Denken und Handeln von Individuen. Die Aufklärung ist sozial und politisch autoritätskritisch, nichts außer dem Denken und was dem Denken standhält, ist anzuerkennen, zugleich ist dieses Denken aber an Rationalität zu binden. Dieses Denken ist kritisch (dem Falschen gegenüber) und affirmativ (dem Richtigen gegenüber) und richtet sich nach außen, gegen Autoritäten, und nach innen, gegen eigene Schwächen. Erziehung und Bildung haben dieses Denken als autonomes, rationales und reflexives zu fördern. Regeln des Denkens wie Regeln des Handelns sind universal wie alle Menschen den Anspruch auf gleiches Gehör und Recht haben, nur unterworfen einer allgemein gültigen Ethik des Denkens (Rationalität) und Handelns (Moral). Anders als in der Antike und anders als im engeren Sinne bürgerlichen Denkens sind alle Rechte Menschenrechte.

Die Aufklärung ist, auch wenn am Rande Girlanden des Postmodernismus, Skeptizismus und Relativismus ranken, weiterhin normativer und anerkannter Kern der kulturellen und politischen Moderne. Auch Kritiker wie Horkheimer oder Adorno bleiben, sofern sie sich positiv äußern, Aufklärer. Beispielsweise Adorno (1969/1966, S. 87) über Erziehung: »Erziehung wäre sinnvoll überhaupt nur als eine zu kritischer Selbstreflexion.« Alle Normen seien »vor der eigenen Vernunft des Individuums« zu prüfen (S. 89).

Intellektuelle, Minoritäten und Offenheit für Fremdes

Die Figur des *abendländischen Intellektuellen,* der beobachtend und denkend die Welt versteht, solitär, aber nicht geistig isoliert ist, das Gegebene hinterfragt und so aus den Angeln zu heben versucht, ist für die Entstehung der Moderne, des Humanismus, der Renaissance, der Aufklärung und der bürgerlichen Welt (auch wenn Intellektuelle aus letzterer heraustreten) unabdingbar. Personen, die wie Alberti versuchten, sich im Denken zu orientieren, und wie Luther, Galilei, Spinoza, Rousseau, Freud oder heute Chomsky auch einiges an Widerstand bis zum eigenen Tod riskierten, haben Bereiche des Denkens ausgedehnt und anderen diese Freiheit bewahrt.[1]

Unter diesen haben *jüdische Intellektuelle* beginnend mit Spinoza und insbesondere seit dem 19. Jahrhundert eine sehr wichtige Rolle gespielt. Juden haben sich spätestens seit dieser Zeit durch eine überdurchschnittliche Bildung, kognitive Kompetenz und Leistung in Wissenschaft und Literatur ausgezeichnet (vgl. Lipset u. Raab, 1995; Lynn u. Longley, 2006; Murray, 2007). Die deutsche intellektuelle Blüte von 1773 bis 1933 wäre ohne *jüdische Intellektuelle* weit schwächer ausgefallen. Dies wurde neben einer intensiven Bildungsorientierung innerhalb der Juden durch die seit der Aufklärung forcierte Offenheit der Mehrheitskultur und Rezeptionsbereitschaft dieser für Minderheiten ermöglicht (und in Deutschland 1933 beendet).

Offenheit für Erfahrung anderer bestand in eingeschränkter Form aber schon seit dem Mittelalter (vgl. Stauferkaiser Friedrich II). Man versuchte, von dem *Wissen der Fremden* zu lernen und interessierte sich für diese: Man übernahm Wissen aus der Antike, auch vermittelt durch die Mauren und Araber, reiste bis nach China, schrieb darüber Bücher, die gelesen wurden, unternahm Forschungsreisen, fertigte Zeichnungen und Berichte über diese an und übernahm bis in alltägliche Lebensgewohnheiten von anderen Völkern die dort entwickelten (Kultur-)Güter wie Zucker, Papier, Kartoffeln, Tabak, Kakao, Kaffee, Pfeffer und Baumwolle. Selbst für Tiere und Natur und – nicht immer frei von falschen Voreingenommenheiten – für die Menschen interessierte man sich. Dies alles als so selbstverständlich erscheinende wird erst dann erstaunlich, wenn man hiermit die bis ins 19. oder gar 20. Jahrhundert andauernde kulturelle Geschlossenheit Ostasiens oder des muslimischen Raums vergleicht.

Das skizzierte Bild in diesem Abschnitt soll nicht die europäische Geschichte in ihrer Gänze darstellen, sondern nur dasjenige,

---

1 Das heißt selbstverständlich nicht, dass sie in ihren Inhalten und in Modi ihrer Lebensführung (vgl. Rousseau) nicht kritisierbar seien. Die Figur des Intellektuellen ist mit dem des Priesters verwandt, die beide oft den Kern des Widerstands gegen geistigen Irrtum, weltanschauliche Verrücktheit und politischen Terror bildeten, beispielsweise Bartholome de Las Casas und Solschenizyn.

was sich kulturgeschichtlich förderlich für Bildungs- und Kompetenzentwicklung ausgewirkt hat. Soziologisch wäre beispielsweise noch an die Bedeutung der Stadt zu denken (z. B. Weber, 2005/1922), darüber gab es auch nicht bildungsförderliche Aspekte wie der über Jahrhunderte fehlende Einschluss großer Bevölkerungsteile in Bildung, dazu Kriege, Bibliothekszerstörungen, Verfolgung Andersdenkender, Bücherverbrennungen.

Förderliche Bedingungen von Kompetenzentwicklung auf kulturell-gesellschaftlicher, schulischer, familiärer und individueller Ebene

Weltanschauung und Kultur

Kompetenzentwicklung und als wesentliche Voraussetzung Erziehung und Bildung in Familie und Schule sind auf makrosoziale Rahmenbedingungen angewiesen. Die wesentlichen weltanschaulichen Grundlagen von Bildung und Kompetenz wurden oben beschrieben: Die Wertschätzung und Praxis von Bildung und Denken, von geistiger Autonomie, Freiheit und Rationalität, wurzelnd in der griechisch-römischen Antike, im okzidentalen Christentum, in der bürgerlichen Welt und in der Aufklärung.

Exkurs: Kausalproblem und Wissenschaftsethik

Das Kausalproblem tritt in allen empirischen Wissenschaften auf, die das Entstehen von Phänomenen erklären oder verstehen (die Begriffe werden hier nicht einander gegenübergestellt) und die Entwicklungen positiv beeinflussen wollen. Hierzu ist es notwendig, Kausalwissen zu erwerben. Das Kausalproblem ist auf makrosozialer Ebene besonders schwierig zu lösen. Zunächst wird es hier als *Allgemeines* behandelt, dann als *Spezielles auf makrosozialer Ebene.* Zum Schluss werden Fragen der *Wissenschaftsethik* behandelt.

Zentrale Aufgabe bei der Untersuchung von Entwicklung und Förderung von Kompetenzen ist die Ausarbeitung und Absicherung kausaler Erklärungen. In der Psychologie überwiegen aber aus forschungsorganisatorischen wie forschungsethischen Gründen quasi- und vor-experimentelle Untersuchungsansätze mit gegebenen Gruppen, oft liegen auch nur querschnittliche oder Einpunkterhebungen vor, selten Längsschnitte. Artifizielle Bedingungsvariationen mit Konstanthaltung und zufällig zugeteilten Experimental- und Kontrollgruppen sind kaum möglich, schon gar nicht bei Studium von Einflüssen auf höheren Ebenen, etwa dem Vergleich kognitiver Fähigkeiten über verschiedene Schultypen, Bildungsgänge, Schulsysteme, Staaten, Kulturen und Generationen hinweg (siehe auch Hanushek u. Wößmann, 2009). Mögliche Kausalfaktoren sind in Faktorenbündel auf unterschiedlichen Ebenen (Individuen, Familie, Klasse, Schule, Region, Gesellschaft und Kultur) eingebettet, die eindeutige Kausalinterpretationen erschweren. Oft wird deshalb explizit der Anspruch aufgegeben, kausale Beziehungen durch Forschung zu klären.

Kausalerklärungen sollten trotzdem nicht als Ziel der Forschung aufgegeben werden. Verschiedene Gründe sprechen für die Entwicklung und Prüfung kausaler Annahmen:

- Die Aufklärung von Kausalwegen stellt das zentrale Erkenntnisziel der Wissenschaft dar: zum Beispiel Plato durch Sokrates im Theaitetos-Dialog (1982/–350, S. 655, 206B–207A). »[…], daß die zu der richtigen Vorstellung hinzukommende Erklärung, die vollkommenste Erkenntnis ist!« Oder Aristoteles (Metaphysik, VI, 1, 1025b, 1995/–322, S. 124): »Überhaupt handelt jede auf Denken gegründete oder mit Denken verbundene Wissenschaft von Ursachen und Prinzipien in genauerem oder einfacherem Sinne.« Und (I, 1, 982a, 1995/–322, S. 4): »Weisheit ist eine Wissenschaft von gewissen Prinzipien und Ursachen« (in der Übersetzung von Joachim Ritter, 1977/1969, S. 24: »Weisheit ist Einsicht [επιστημη], die auf Gründe und Ursachen geht.«).
- Nicht nur in der Wissenschaft, auch im alltäglichen Handeln und Denken ist das Verständnis kausaler Beziehungen ein zentrales praktisches und epistemisches Anliegen (schlussfolgerndes Denken, subjektive Theorien, Mythen, Weltbilder, Mensch als Forscher usw.).
- Kausalwissen ist für Intervention und Förderung notwendig.

Um effektiv in der Praxis agieren zu können, benötigen Akteure zutreffende Kausalhypothesen.
- Kausalwissen ist aus ethischen Gründen notwendig, um Verantwortung für Erfolge oder Misserfolge, für positiv oder negativ zu bewertende Ereignisse bestimmen zu können.
- Kommt Wissenschaft einem zentralen epistemischen Anliegen nicht nach, wird diese Lücke von anderen schlechter aufgefüllt.

Psychologie und Pädagogik stehen mit dem Problem der schwierigen Absicherung von Kausalbeziehungen nicht allein, andere Disziplinen, wie alle historischen oder makrosozialen Wissenschaften (Geschichtswissenschaften, Volkswirtschaftslehre, Soziologie, Politologie, Meteorologie, Archäologie, Paläontologie usw.), müssen sich damit ebenso wie die Psychologie auseinandersetzen. Ziel sollte sein, in einem argumentativen Netzwerk theoretisch begründete wie empirisch belegte Kausalerklärungen anzubieten. Hierfür eignen sich sowohl klassische experimentelle als auch untersuchungsplanerisch schwächere nichtexperimentelle Untersuchungen. Voraussetzungen sind:
- *theoretische Schlüssigkeit* (Kohärenz und inhaltliche Nachvollziehbarkeit) bzw. überhaupt eine inhaltliche Erklärung,
- *detaillierte Nachzeichnung des genauen Kausalweges* (Selbstkonzept kann etwa keine direkte Wirkung auf Noten haben),
- *Erfüllung prinzipieller Voraussetzungen* (zeitliche Sukzession) *und formaler Kriterien* (z. B. Logik, Konsistenz und Kohärenz, empirischer Gehalt der zur Erklärung herangezogenen Theorie),
- *Kompatibilität zum abgesicherten Forschungsstand* (Passung zu Ergebnissen anderer empirischer Studien, anderer Autoren, anderer Operationalisierungen und anderer Untersuchungsanlagen unter anderen Rahmenbedingungen – falls Diskrepanz, Anführung guter Gründe dafür, erhöhter Begründungsbedarf; Replikation-1),
- *Stabilität von Kausalbeziehungen in verschiedenen Stichproben und auf unterschiedlichen Datenebenen* (Robustheit von Beziehungen auch bei Variation von Stichprobenzusammensetzungen und Variablenkombinationen, von Individualdaten bis zu staatenbezogenen Aggregatdaten, Vermeidung eines ökologischen Fehlschlusses – falls Diskrepanz in Zusammenhängen,

Anführung guter Gründe dafür, erhöhter Begründungsbedarf; Replikation-2),

- *Proportionalität der Effektausprägung zur Ursachenausprägung* im mittleren Bereich (z. B. Unterricht fördert Wissen, zwei Stunden mehr Unterricht führt zu mehr Wissen als bei nur einer Stunde mehr),
- *Vergleich mit alternativen Erklärungsthesen,* die explizit zu nennen sind,

und, soweit empirisch-statistisch möglich,

- *Ausschluss bedeutsamer Drittvariablen* (konfundierender Größen) durch Berechnung von Partialkorrelationen (die den Einfluss von anderen Variablen herausrechnen) und relativer Einflüsse in multiplen Regressionen,
- *die Untersuchung von Merkmalen als Teil eines theoretisch begründeten Bedingungsnetzes* zwischen verschiedenen Variablen über Pfadanalysen (Berechnung direkter und indirekter Effekte) und
- *Analyse längsschnittlicher Verläufe* (kreuzverzögerte Effekte, anschließend aus Veränderungsaufklärung generalisieren.

Das Grundlegende aller dieser Ansätze ist das *Vergleichen von Merkmalsgruppierungen über verschiedene Bedingungen* hinweg unter *Ausschluss von Drittvariablen* und mittels *Zuhilfenahme einer inhaltlichen Erklärung.* Die nach John Stuart Mill (1872/1843, Kapitel 2/VIII) klassischen Methoden der Übereinstimmung und des Unterschieds (Konkordanz und Differenz), des Rests und der gleichzeitigen Abwandlung. Emile Durkheim hat dies auf die Soziologie angewendet in seinem Standardwerk »Les règles de la méthode sociologique« eingehend beschrieben:

> »Wir verfügen nur über ein einziges Mittel, um festzustellen, daß ein Phänomen Ursache eines anderen ist: das Vergleichen der Fälle, in denen beide Phänomene gleichzeitig auftreten oder fehlen, und das Nachforschen, ob die Variationen, die sie unter diesen verschiedenen Umständen zeigen, beweisen, daß das eine Phänomen vom anderen abhängt« (1995/1895, S. 205).

Experimentelle wie quasi- und vorexperimentelle Ansätze bedürfen theoretischer Erklärungen für ihre empirisch gemessenen Daten, Ergebnisse von Untersuchungen allein stellen keine Kausalerklärung dar, können sie nur empirisch absichern.

Auf internationaler Ebene ist man bei Versuchen, Kausalerklärungen vorzunehmen, meist mit noch fundamentaleren Problemen konfrontiert: *Werden Daten fehlerfrei erhoben?* Steht etwa Bruttosozialprodukt für Wohlstand oder liegen nicht systematisch Verzerrungen wie Übersehen des informellen Sektors vor? Vieles wirkt unplausibel, etwa die extrem hohen Werte im Bruttoinlandsprodukt der USA und Luxemburg. Haben hier die Umrechnungen über Kaufkraftäquivalente versagt? Oder ist die eigene Sicht auf den Wohlstand der Menschen in den USA falsch? Man muss hier den internationalen Datenbanken, an deren Erstellung Tausende von Personen bei Weltbank und anderen Organisationen arbeiten, vertrauen. Alternativ ließen sich auch allgemeine Entwicklungsindizes wie vom Human Development Report nehmen. Bei Bildungsdaten hat man aber des Öfteren mit Fälschungen zu kämpfen, in Kompetenz- und Intelligenzstudien sind die Stichprobenziehungen nicht optimal (vgl. Rindermann, 2008a–e, Rindermann u. Meisenberg, 2009).

Alle Daten auf internationaler Ebene sind fehlerbehaftet, deshalb sollte man versuchen, Informationen aus verschiedenen Quellen und zu verschiedenen Zeitpunkten zusammenzutragen und durch *Gesamtwertbildung* Fehler zu reduzieren. Dort, wo solche bekannt sind, sollte man sie *durch korrektere Daten ersetzen.* Noch fundamentaler sind Fragen wie ob Wohlstand überhaupt als erstrebenswertes Ziel gelten sollte? Wäre nicht wie in Bhutan das menschliche oder gar allgemein-kosmische Glück wichtiger? Man sollte vielleicht nur auf eine Begleiterscheinung des Wohlstandszuwachses durch Innovation hinweisen, wesentlich hervorgerufen durch Bildungs- und Kompetenzeliten (Gelade, 2008a; Rindermann, Sailer u. Thompson, 2009): den *medizinischen Fortschritt.* Bis in die 1970er und 1980er Jahre hinein starben ca. 90 % der Kinder, die Leukämie hatten, heute nur noch ca. 10 %; Hodenkrebs kam bis in die 1970er Jahre hinein einem Todesurteil gleich, heute kann diese Krankheit geheilt werden, einer dieser Geheilten, Lance Armstrong, hatte sogar Metastasen in der Lunge, gewann aber später siebenmal die Tour de France. Im Wesentlichen werden all diese Varianten mit Bestrahlung und Chemotherapie behandelt, beides technisch-medizinische Innovationen.

Für Kausalanalysen auf gesellschaftlicher Ebene braucht man selbstverständlich *vergleichbare Daten auf einer einheitlichen Normskala.* Beim Bruttosozialprodukt (oder Bruttoinlandsprodukt) rechnet man Geldeinheiten über Kaufkraftäquivalente in (meistens) US-Dollareinheiten um, selbstverständlich nimmt man in verschiedenen Ländern möglichst gleiche Messverfahren. Gleiches gilt auch für kognitive Kompetenzen. Aufgaben und Normen müssen für Vergleiche einheitlich sein. Zudem prüft man innerhalb der Staaten die psychometrischen Qualitäten wie Reliabilität, Homogenität und Validität. Letztendlich ist eine inhaltliche Begründung notwendig: Aufgabe xy steht für die Messung einer relevanten Fähigkeit wie Verstehen oder schlussfolgerndes Denken. Auch hier gilt: einzelne Aufgaben sind fehlerbehaftet, Gesamtwerte verschiedener Aufgaben weniger.

Schließlich wird oft gefragt, *ob es wissenschaftlich legitim und ethisch zu rechtfertigen sei,* Kompetenzunterschiede zwischen verschiedenen Staaten, Völkern und Gruppen zu untersuchen. In der Intelligenzforschung wird diese von einer Mehrheit der Forscher bejaht (z. B. Hunt u. Carlson, 2007; Ceci u. Williams, 2009; Flynn, 2009). Aufgabe der Wissenschaft ist, Wissen zu suchen und zu finden, durch adäquaten Einsatz von Methoden, im weitesten Sinne durch Rationalität und Reflexivität, nicht andere in der Wissensfindung zu behindern. Innerhalb dieses Prozesses ist Freiheit unabdingbar, auch die Freiheit zum Irrtum, durch dessen Widerlegung der Erkenntnisprozess voranschreiten kann (Mill, 1988/1859).

Voraussetzung aller Wissenschaft ist *erkenntnisorientiertes (epistemisches) Handeln von Personen,* also eine Tätigkeit auf der Suche nach Wahrheit orientiert an Maßstäben epistemischer Rationalität und Reflexivität (siehe Rindermann, 2006a, 2007d, 2008e, 2009c), etwas ausgeführt: *sich im Denken zu orientieren,* das heißt, die Fähigkeit und Bereitschaft, das eigene Denken und Handeln an Wahrheit und dem Finden dieser Wahrheit auszurichten, das eigene Denken und Handeln unter den Vorbehalt notwendiger *Richtigkeit, Begründung und Argumentation* zu stellen. Eine solche Einstellung *lässt objektive Probleme subjektiv zu* und betrachtet diese als kognitiv lösbare Fragestellungen und versteht sie nicht als durch Intuition oder Übernahme traditioneller Antworten abkürzbare Fragen, nicht als durch Gewalt, autoritative Entscheidung oder durch Zwangsmaßnahmen zu bewältigende Hindernisse. Sie pflegt eine *argumentative Haltung in Interaktion mit anderen oder sich selbst,* die nur *gute Gründe, logische Kriterien* und *empirische Belege* gelten lässt, nur diese und nichts anderes, nicht Überreden, Macht oder Ansehen der Person oder weitere außerargumentative Kriterien. In epistemischer Interaktion, sei sie persönlich oder nicht persönlich, verwendet sie eine *angemessen präzise, verständliche und inhaltsangemessene Sprache* bis zur Sprache der Mathematik. Das oberste normative Zielkriterium ist damit *Wahrheit* und das *Finden neuer Wahrheiten* (Erkenntnisse). Wissenschaft ist damit ein ethisch geleitetes Handeln und ist anders nicht möglich.

Themen der Wissenschaft sind zunächst aus wissenschaftsimmanenten Gründen, bzw. weiter gefasst, aus Gründen, die in epistemischer Rationalität und Reflexivität einschließlich Selbstreflexivität fußen, zu wählen: Welche Fragen sind offen, welches Problem entsteht in einer bestimmten Theorie usw. In allen anwendungsorientierten Wissenschaften bzw. in Disziplinen, in denen es anwendungsrelevante Bereiche gibt, wie der Medizin, Pharmazie oder in den Sozialwissenschaften, ist es aus ethischen Gründen empfehlenswert, ein besonderes Engagement auf solche Fragestellungen zu richten, wo ein erfülltes Leben beeinträchtigende empirische Bedingungen vorherrschen (wie Krankheiten, Armut, Hunger, Kompetenzdefizite), und damit durch Wissenschaft dazu beizutragen, solchen Bedingungen abzuhelfen. Dazu gehört auch, die Anwendung der durch die Wissenschaft allgemein oder durch eigene Forschung gewonnenen Erkenntnis in einer ethisch gebotenen Weise zu fördern (Berücksichtigung der legitimen Interessen möglichst vieler Betroffener einschließlich derjenigen der kommenden und früheren Generationen und der Natur). Selbstverständlich gilt auch hier der *Wahrheits-* und *Erkenntnisprimat:* Wissenschaft ist eine Institution der Wahrheitsfindung und -tradierung.

Kann das Wissen, das hier vorgestellt wird, *für die Förderung von Kompetenzen genutzt werden?* Wenn es wahr ist, ja, und sollte es? Schließlich: Würden genetische Erklärungen nicht *stigmatisierend* sein? Erklärungen müssen zunächst wahr sein, andere Kriterien sind sekundär und Zeichen dafür, Prinzipien der Wissenschaft (und des Denkens überhaupt) nicht zu praktizieren. Es sollte bei genetischen Erklärungen auf Folgendes verwiesen werden: 1. Langfristig sind auch sie Umwelterklärungen, das heißt, genetische Ausprägungen sind Produkt der Evolution und Ergebnisse erfolgreicher Selektionsprozesse, also Anpassungen an Umwelten. 2. Genetische Erklärungen entlasten von eigener Verantwortung auch in Form von Schuld. Liegt es an der Umwelt, für Kompetenzen ist vor allem die menschlich geschaffene relevant, und diese ist auf Kulturebene kein zufälliges Produkt, dann fällt die Verantwortung in überwiegendem Teil auf die Staaten, Völker und Kulturen und in ihnen auf die Familien zurück. Appell wäre, falls höhere Kompetenzen gewünscht werden, diese Bedingungen zu verändern – und dafür wäre wiederum richtiges Kausalwissen notwendig. Bildungsreformen versprechen, Kompetenzen positiv verändern zu können (siehe Abschnitt »Schulische Faktoren« und Rindermann u. Ceci, 2009), hinzu kommen gesellschaftlich-kulturelle Veränderungen wie Stärkung meritorischer Prinzipien und die Wertschätzung von Wissen, Denken, Rationalität und Reflexivität. 3. »Genetische« Effekte können als epigenetische auch erworben sein, dies könnte etwa Folgen der Sklaverei für Afroamerikaner betreffen.

Politik (Staats- und Regierungsformen)

Autoritäre und illegitime Herrscher zeigten oft Skepsis gegenüber Bildung und kognitiver Kompetenz, könnten diese doch – bei der Entwicklung einer autonomen Bürgerschaft – ihre Machtgrundlagen gefährden (vgl. Rindermann, 2008d). Prägnant hat dies der Wiener Polizeichef und Leiter der österreichischen Zensurbehörde im frühen 19. Jahrhundert, Graf Sedlnitzky, formuliert:

> »Ein Volk befindet sich vom Augenblick an, wo es anfängt, Bildung in sich aufzunehmen, im ersten Stadium der Revolution« (zitiert nach Priester, 1949, S. 331).

Menschen in demokratischen und freien Gesellschaften sind im Schnitt intelligenter (r_D=.56, r_F=.38). Für alle Gruppenvergleiche, welcher Einteilung auch immer, gilt aber: Innerhalb der Gruppen bestehen große Unterschiede und zwischen den Gruppen große Überlappungsbereiche. So gibt es in demokratischen Gesellschaften auch wenig intelligente und in undemokratischen hochintelligente Menschen, die Häufigkeiten sind aber verschieden. Insbesondere im direkten Vergleich zwischen sozialistischen und bürgerlichen Staaten weitgehend ähnlicher Kulturen wird der intelligenzförderliche Effekt der bürgerlichen Welt deutlich: Taiwan erreicht einen IQ um 108 (aktuelle Werte 105), China um 107 (100), Südkorea um 106 (107), Nordkorea um 102 (102) (die präsentierten Werte beziehen sich auf Rindermann, 2007c, die aktuellen auf Neuberechnungen inkl. IAEP 1991 sowie IGLU und PISA 2006; Nordkorea nur geschätzt). Westdeutschland lag in (identischen) Intelligenzmessungen der Bundeswehr an Wehrpflichtigen 1992 bei 100, Ostdeutschland bei 95, 1998 waren die Unterschiede mit IQ 100 und 98 aber schon weit geringer – diesen Beobachtungen entnehmbar scheinen sie politische Folgen darzustellen. Menschen sind in sozialistischen Ländern aber nicht nur weniger intelligent und wissen weniger, sie sind auch durch den geringeren Wohlstand kleiner: In Taiwan vs. China (1990er Jahre): – 6,5 cm, in Süd- vs. Nordkorea (1990er): – 7,0 cm (Schwekendiek u. Pak, 2009) und in West- vs. Ostdeutschland (frühe 1990iger): – 1,5 cm (Komlos u. Kriwy, 2003). Schwekendiek und Pak (2009, S. 112) halten im Schlusssatz ihrer Metaanalyse als Ergebnis treffend fest: »As the comparison of the two Germanies and two Koreas show, the population in a communist country tends to be shorter than that of a country with a free-market economy.«

Für die Zeit des Nationalsozialismus gibt es keine Vor- und Nachmessungen (etwa um 1932 und 1946) aussagekräftig für ganz Deutschland, aber allein durch Vertreibung und Ermordung der Juden, durch Unterrichtsausfall im Krieg und durch Betonung von Sport statt geistiger Bildung in Schulen und nicht zu vergessen durch ein allgemeines Klima der Angst dürfte die Intelligenz zurückgegangen sein. Man kennt aber präzise die Auswirkungen nationalsozialistischer Besatzung auf die Intelligenz in einem Nachbarland, für die Niederlande: Dort sank die Intelligenz bei jungen Menschen binnen sechs Jahren um knapp vier Punkte (von IQ 101,5 auf 97,7; DeGroot, 1951).

Freiheit fördert das Denken, macht es für nichttechnologisch-ökonomische Zwecke wie Autonomie erst möglich. *Rechtsstaat* und *Meritokratie* machen es insbesondere für utilitäre Zwecke lohnenswert (legal erworbene Bildungstitel sind funktional, Anstrengung und Kompetenz werden belohnt, nicht Beziehungen, Zugehörigkeit oder die demonstrative Kommunikation religiöser oder politischer Einstellungen). All diese bewirken neben einem Lohnen von Bildung und Kompetenz, dass überhaupt Bildung gefördert wird und nicht Gelder für »Renten« verbraucht werden.[2] Beispielsweise verschwinden gerade in Entwicklungsländern oft Mittel, die für den Bildungsbereich dringend benötigt würden, in nicht erkennbaren Kanälen: In Uganda kamen in den 1990er Jahren in einem Vergleich der Ausgaben der Zentralregierung und der Einkünfte der Schulen von zusätzlichen Bildungsmitteln nur 13 % bei den Schulen an (Reinikka u. Svensson, 2004).

Die empirische Evidenz der Förderlichkeit durch Demokratie ist aber zumindest für Ende des 20. Jahrhunderts gemischt (siehe Abbildung 4; vgl. Glaeser, Ponzetto u. Shleifer, 2007; Rindermann, 2008d), eindeutig sind aber die positiven Effekte von *Rechtsstaatlichkeit.* Vermutlich über das Lohnen von Kompetenz fördert sie Kompetenzen.

Ökonomische Faktoren auf individueller und gesellschaftlicher Ebene

Empirisch zunächst eindeutig sind die positiven Effekte ökonomischer Faktoren: Über Gesundheitsversorgung, gesündere und umfangreichere Ernährung und vermutlich über einen Grundsockel an Ausstattung in Bildungseinrichtungen (Gebäude bzw. ganze Gebäude, Tische und Stühle, angemessene Temperierung,

2 »Renten«, oft auch als »rent-seeking-behavior«: Darunter wird alles nicht arbeitsbezogene Einkommen subsumiert, Einkommen, das nicht auf eigene Tätigkeit und Anstrengung zurückzuführen und damit nicht meritorisch ist. Typische Beispiele für »Renten« in dem in der Wirtschaftswissenschaft gemeinten Sinne: Einkommen durch Verpachtung von Land (Mittelalter), durch Pfründe, durch Schmiergeld, durch politischen Druck, durch Zuwendungen von Herrschern, als Verwandte der Herrscher.

Witterungsschutz, angemessene Helligkeit, Tafel und Kreide, Lärmschutz, ausreichend viele Lehrer, die gut bezahlt werden, Unterrichtsmaterialien für Lehrer und Schüler, kostenlose qualitative Schulspeisung und kostenloser Transport, seltener oder kein Unterrichtsausfall) und zu Hause (Schreibtisch, Bücher, Hefte, Stifte) bewirkt *Wohlstand* bessere Bildungsmöglichkeiten und fördert damit Kompetenzentwicklung (siehe Rindermann, 2008a, b). Allerdings sind folgende Einschränkungen nötig:

- Die Effekte von Bildung und kognitiver Kompetenz auf Wohlstand sind größer als umgekehrt; auf Bildungsmaße sind sie sogar gleich null.
- Hinter Wohlstand können sich auch andere Wirkfaktoren verbergen wie frühere kognitive Kompetenz, Meritokratie, ökonomische Freiheit und ähnliche gesellschaftlich-kulturelle Größen.
- Als Beispiel der Bestimmung reiner Wohlstandseffekte können die arabischen Länder dienen, die extremen Wohlstandsunterschiede innerhalb dieser sind hier vom bloßen Zufall der Erdölfunde bei kleinen Bevölkerungen abhängig. Und diese scheinen keinerlei positive Effekte auf Denkwissensfähigkeit zu haben (Rindermann u. Ceci, 2009).
- Auf individueller Ebene sind Erziehung und Bildung der Eltern, die mit Sozialstatus und Wohlstand korreliert sind, wichtiger (vgl. Reanalysen zu Hart u. Risley in Rindermann, 2007c).

Vielleicht könnte man die Ergebnisse folgendermaßen zusammenfassen: Passiver, nicht erarbeiteter Wohlstand macht nicht klug, nur aktiv durch eigene Leistung erworbener und anschließend klug eingesetzter – damit wären wir wieder in der bürgerlichen Welt (siehe Abschnitt oben sowie Mayer, 1997, »What money can't buy«, S. 9, 81, im Vergleich von Erwerbs- und Sozialhilfeeinkommen).

Ein interessanter und wichtiger Aspekt wurde bisher nur am Rande beobachtet (Rindermann, 2008d, Fußnote 3): Die Effekte des staatlichen Anteils am Bruttosozialprodukt, das heißt, wie viel Prozent des gesellschaftlichen Wohlstandes durch den Staat verteilt und verbraucht werden *(Staatsquote)*. Nach Alberti gilt Sparsamkeit als bürgerlicher Wert, dies für den Bürger als auch den Staat. Geringer Staatskonsum und niedrige Staatsverschuldung sind immer auch ein Zeichen bürgerlicher Politik und das andere totalitärer, diktatorischer und sozialistischer Systeme (Hayek).

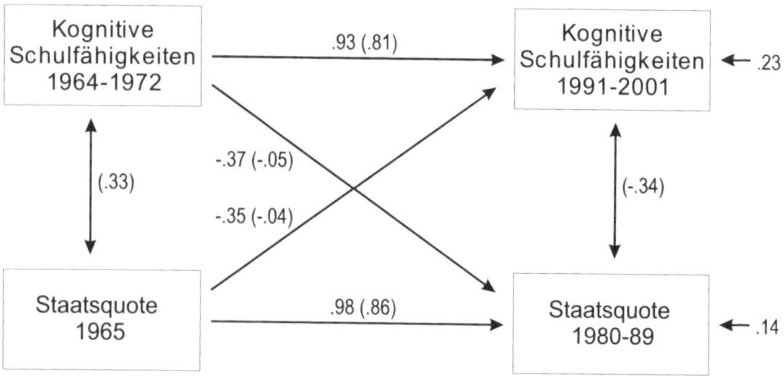

Abbildung 4: Kreuzverzögerte Effekte zwischen kognitiven Fähigkeiten und Staatsquote (Pfadkoeffizienten an Pfeilen, Korrelationen in Klammern, Fehler rechts, 16 Staaten)

Abbildung 2 stellt das Ergebnis einer Pfadanalyse dar. Pfadanalysen dienen der Analyse von angenommenen Zusammenhangsstrukturen. Es kann der relative Einfluss von Variablen im Vergleich zu anderen oder der indirekte Einfluss von Variablen über andere Variablen bestimmt werden. Das Verfahren hier stellt die Analyse kreuzverzögerter Effekte dar: Hier untersucht man längsschnittlich Wechselwirkungen zwischen zwei Variablen kontrolliert um den Ausgangsstatus in diesen Variablen. Hierdurch kann man vergleichsweise gut Kausaleffekte analysieren, da a) Wechselwirkungen und b) Ausgangsniveaus beobachtet werden.

Interessanterweise gibt es einen negativen Effekt hoher Staatsquoten auf die Entwicklung kognitiver Kompetenzen auf makrosozialer Ebene ($\beta_{SQ1 \rightarrow KF2}=-.35$) und ebenso umgekehrt ($_{KF1 \rightarrow SQ2}=-.37$). Dies ist zunächst erstaunlich, fördern doch vermutlich staatliche Ausgaben für Gesundheit und Bildung Kompetenzen und reduzieren zudem soziale Unterschiede. Anscheinend wird bei hohen Staatsquoten das Geld aber nicht primär für dieses ausgegeben (Korrelationen um r=.20), sondern für anderes, für »Renten« (d. h. Einkommen ohne Arbeit, in der Regel verteilt nach politischer

Macht), vielleicht auch für Militär (r=.18) und eine größere Verwaltung, auf jeden Fall dient es nicht der Kompetenzförderung. Höhere Bildungsausgaben gelten zudem in den Wirtschaftswissenschaften als wenig effektiv zur Verbesserung von Bildung und vor allem von Bildungsoutput (Wößmann, 2001). Umgekehrt scheinen intelligente Gesellschaften Staatsquoten zu reduzieren und Markwirtschaft zu erhöhen, vielleicht weil Verschwendung durch Bürger eher erkannt wird, vielleicht auch weil dahinter eine generelle bürgerliche Orientierung inklusive der Fähigkeit und Bereitschaft zu wirtschaftlicher Autonomie der Einzelnen und Familien steht.

Positiv mit Kompetenzen korreliert auch *Einkommensausgeglichenheit* (ein niedriger Gini-Index, r=.51; Rindermann, 2008a, b), das heißt geringe Unterschiede zwischen Arm und Reich. Schließlich ist noch *Arbeitslosigkeit* zu betrachten. Vermutlich führt geringe Bildung und damit geringe Kompetenz (dies müsste einmal innerhalb der Berufe näher untersucht werden) zu einem höheren Arbeitslosigkeitsrisiko. Arbeitslosigkeit wieder kann allgemeine Passivität, auch über Hoffnungslosigkeit, fördern. Bekannt sind die zum Teil erschütternden Beschreibungen von Jahoda, Lazersfeld und Zeisel: Aussichtslose Lebensbedingungen verstärken ineffiziente Zeitnutzung, nicht einmal Bücher, obwohl genug Zeit vorlag und deren Ausleihe kostenlos war, wurden mehr ausgeliehen (1980/1933, S. 83 f.). »Die bei den [arbeitslosen] Männern am häufigsten auftretende Form der Zeitverwendung ist das Nichtstun« (Jahoda et al., 1980/1933, S. 87). Allerdings gab es auch hier beträchtliche Unterschiede, es gab Familien mit Ordnung und Plänen und solche ohne (»gleichmütig erwartungsloses Dahinleben [...] Verzicht auf Zukunft [...] apathische Indolenz... tatenloses Zusehen«, S. 70 ff., 77), mit Erziehung der Kinder oder nicht (S. 101 f.).

Komplexe berufliche Tätigkeit fördert dagegen Intelligenz und umgekehrt (siehe Schooler et al., 1999, $\beta_{Kompl \rightarrow Int}$=.11, $\beta_{Int \rightarrow Kompl}$=.26). Das heißt, Personen, die in kognitiv anspruchsvollen Berufen tätig sind, scheinen durch diese kognitiv stimuliert zu werden – kognitiv komplexe Umwelten fördern durch ihre Stimulation kognitive Entwicklung.

Schulische Faktoren

Bildung ist als Schulbildung in Quantität und Qualität ein entscheidender Förderfaktor (Nisbett, 2009). Bei Durchsicht der umfangreichen Literatur zu schulischen Faktoren, die kognitive Kompetenzen fördern, lassen sich drei Hauptfaktoren destillieren:

1. *Zeit:* Unterricht und Lernen benötigen Zeit. Je mehr Zeit als äußerer Unterrichtsumfang vorhanden ist (Ceci, 1991) und je besser begrenzte Zeit innerhalb des Unterrichts für Instruktion und Lernen genutzt wird (vgl. Rindermann, 2007a), desto mehr werden kognitive Fähigkeiten gefördert. Ein Jahr Schulbildung erhöht den IQ um ca. 3 IQ-Punkte (Winship u. Korenman, 1997), Schulbildung fördert abstraktes Denken, das Lösenkönnen von Syllogismen (Lurija, 1987/1974).

2. *Lern- und leistungsorientierte Strukturierung:* Die erhöhte Quantität einer Bedingung kann sich nur dann positiv auswirken, wenn zumindest eine minimal positive Qualität dieser Bedingung vorliegt. Leistungsorientierte Strukturierung von Unterricht, Schulorganisation und Schulsystemen ist das wichtigste Qualitätsmerkmal. Darunter werden Merkmale der Unterrichtsgestaltung (strukturierter Lehrervortrag und Unterrichtsaufbau, Klarheit und Kohärenz von Sprache und Unterricht, direkte Instruktion), der Verhaltenssteuerung (Klassenführung), der Leistungskontrolle (inhalts- und lernzielangemessene Prüfung und Evaluation), der Lern- und Leistungswertschätzung (kommunizierte Erwartung von schulisch-kognitiver Leistung und Leistungszunahme und Honorierung dieser, Lernen und Leistung gelten als Ziel und persönliche Pflicht für Lehrer, Schüler und Eltern), der Schulorganisation (Führung, Lehrerauswahl nach Fähigkeit und Engagement) und des Schulsystems (Erfolg ist an Fähigkeit gekoppelt und nicht an anderes) gefasst.

3. *Inhalte:* Quantität und Qualität von Unterricht wiederum können nur dann Wirkung entfalten, wenn die richtigen Inhalte behandelt werden: theoretisch begründete und wissens- und kognitionsförderliche Inhalte in vorgegebenem Curriculum und praktiziertem Unterricht, deren spezifische Wirkung auf Wissen und die allgemeine Wirkung auf Denken aber noch unzureichend erforscht sind.

4. *Zusätzliche Faktoren:* Zusätzliche Faktoren betreffen die Lehrerpersönlichkeit, Lehrerkompetenz und das Lehrersozialverhalten (Freundlichkeit, Kooperativität, Wohlwollen), Anregung und Einforderung von Denken in Unterricht, Hausaufgaben und Prüfung, Interessantheit der Unterrichtsgestaltung, Fähigkeits- und Interessenangemessenheit, didaktische Methoden (mittelschwere und stimulierende Fragen, Üben, Problemlösen, Freiarbeit, Eigenarbeit, Gruppenarbeit, moderne Medien, entdeckendes Lernen, Feedback), Fehler- und Fähigkeitsdiagnose, Elternarbeit, Lehrerweiterbildung, Koordination und Kohärenz der Lehrer untereinander.

Internationale Ebene

Bei internationalem Vergleich erwiesen sich folgende Faktoren als wirksam zur Erklärung von Länderdifferenzen in einem Gesamtwert verschiedener Schulleistungs- und Intelligenzstudien (Rindermann, 2008c): Bildungsniveau der Erwachsenen, Kindergartenbesuch, Disziplin, hoher Bildungsumfang der Schüler, Unterrichtsumfang, Besuch von Ergänzungsschulen, frühe Gliederung und Einsatz von Zentralprüfungen und Tests zum Zwecke schulischer Entscheidungen. Eher negative Zusammenhänge traten auf bei hohen Klassenwiederholungsquoten, später Einschulung und großen Klassen bzw. einer ungünstigen Lehrer-Schüler-Relation. Hohe Migrantenanteile als solche wirken sich nicht negativ aus; nur dann, wenn Migranten bildungsferner als die einheimische Bevölkerung sind, zeigen sich negative Folgen. Drei Aspekte sollen herausgegriffen werden:

- *Allgemeines Bildungsniveau der Erwachsenen* (geringe Analphabetenquote, lange Beschulungsdauer, hohe Sekundarschulbesuchsquote) ist diejenige Variable, die am höchsten und robustesten mit den Unterschieden auf internationaler Ebene korreliert. Damit sind schulische Faktoren der Kinder vergleichsweise irrelevant (obwohl in den Kompetenzstudien fast ausschließlich Kinder getestet wurden). Es findet sich hier eine Analogie zur Relevanz elterlicher Bildung für die Fähigkeitsentwicklung der Kinder.

- *Kindergartenbesuch* ist von erstaunlicher und bisher in der Schulforschung deutlich unterschätzter Relevanz. US-amerikanische Studien in »bildungsfernen Schichten« bestätigen eindeutig die hohe Bedeutung institutionalisierter frühkindlicher Förderung (einschließlich Elternarbeit). Im Kindergarten wird das Fundament gelegt für später erfolgreiche Erziehung und Bildung der Schule.
- *Disziplin* oder den schulischen Regeln gemäßes Verhalten der Kinder ist innerhalb der schulischen Faktoren der wichtigste (und auch damit erhärtet sich, Intelligenz, Wissen, Bildung und Kompetenz als bürgerliche Phänomene aufzufassen). Unter »Disziplin« wird hier den schulischen Regeln gemäßes Verhalten der Kinder verstanden, konkret pünktliches Kommen in die Schule, kein früheres Gehen, kein Schwänzen, keine Störung des Unterrichts. Disziplin bedarf einer Begründung (förderlich für Lernen und Persönlichkeitsentwicklung; vgl. Weinstein u. Mignano, 2007). Der regelmäßige und pünktliche Besuch von Schulen und unterrichts- und inhaltsorientierte Beschäftigung der Schüler im Unterricht fördern Kompetenz, beides profitiert von Kindergartenbesuch. Allerdings ist ein gewisses Spannungsverhältnis zwischen aufklärerischen Idealen der Autonomie und der Forderung nach Normorientierung von Schülern einzuräumen.

Familiäre Faktoren

Erziehungsstile

Nach Diana Baumrind (1989) ist ein »autoritativer Erziehungsstil« (lenkend-strukturierend und gleichzeitig positive emotionale Zuwendung, sprachliche Begründung des Erziehungshandelns) besonders günstig für die kindliche Entwicklung. Er fördere Kompetenzen und normorientiertes Verhalten, konkret Schulleistungen (schulnahe kognitive Kompetenzen) und »Arbeitsorientierung« und er reduziere schulisches Fehlverhalten, Delinquenz und Drogenmissbrauch. Etwas schlechter sei ein autoritärer, deutlich schlechter ein permissiver (= laissez-faire) und ein vernachlässigender Erziehungsstil. Auch hier gilt: Zum einen fällt die Affinität zu bürgerlichen Prinzipien auf (Struktur und Wärme; siehe Alberti), zum anderen bedürfen Struktur, Ordnung, Form und Ähnliches einer Begründung. Adorno (1977/1963, S. 343): »Ordnung aber ist nicht an sich ein Gutes. Sie wäre es einzig als richtige.«

Bildung, Intelligenz und verbale Kompetenz der Eltern vs. Sozialstatus

Intelligente Eltern stimulieren ihre Kinder sowohl kognitiv als auch emotional besser als weniger intelligente (Cunha et al., 2006, S. 752). Mittelschichteltern strafen eher bei Kinderverhalten mit vermuteter negativer Intention des Kindes zur Korrektur des Verhaltens und der Einstellung, sie strafen nicht impulsiv; sie erziehen kohärent und konsistent; sie erklären und begründen gegenüber dem Kind generell häufiger, zum Beispiel ihr eigenes Verhalten, das Verhalten anderer, ihre Anweisungen an das Kind, sie benutzen seltener bloße Direktiven (Herrnstein u. Murray, 1994).

Das wichtigste Medium der Erziehung ist die *Sprache.* In der Sprache der Eltern spiegeln sich deren eigene Bildung und Intelligenz. Erika Hoff-Ginsberg (1991) hat den Zusammenhang von Bildung und sprachlicher Kommunikation bei Müttern untersucht. Mütter wurden nach dem Umfang ihrer Bildung in zwei Gruppen klassifiziert, in Mittelschicht (beide Eltern mindestens 16 Jahre formale Bildung, »professional positions«) und Arbeiterschicht (beide Eltern nach High School maximal »technical training«, 12 Jahre formale Bildung). Ihr Sprachverhalten mit Erwachsenen und dem eigenen, 21 Monate alten Kind wurde beobachtet. Im Gespräch mit Erwachsenen äußerten Mittelschichteltern sich mehr (60 vs. 46 Äußerungen, d=0,60), die Wortzahl je Äußerung war höher (10 vs. 8, d=0,94), vor allem war die Anzahl *verschiedener* Wörter höher (208 vs. 139, d=1,11). Auch im Gespräch mit dem Kind sprachen gebildete Mütter mehr (insgesamt wie pro Minute, d=0,51), benutzten verschiedenere Wörter (d=0,49), antworteten dem Kind kohärenter (d=0,61), forderten das Kind etwa durch Fragen stellen (d=0,45) mehr zu sprechen auf und gaben deutlich seltener Verhaltensdirektiven (d=–0,97). Gebildete Mütter zeigten in einer Reihe für die sprachliche Entwicklung des Kindes relevanten Bereichen besseres Verhalten, *Quantität, Verschiedenartigkeit, Kohärenz* und *Anregung* waren höher.

Betty Hart und Todd Risley (1995) haben elterliches Sprach- und Erziehungsverhalten sowie Sprachentwicklung und Sprachkompetenz bei US-amerikanischen Kindern untersucht. Schon Kinder im Alter von drei Jahren blicken auf extrem unterschiedliche *familiäre Bildungsbiographien* zurück: Dreijährige aus Familien mit gebildeten Eltern (»professional families«) haben in ihrem Leben schon 30 Millionen Wörter gehört (pro Stunde 2153 Wörter), aus Arbeiterfamilien (»working class families«) dagegen 20 Millionen (pro Stunde 1251 Wörter) und aus Sozialhilfefamilien (»welfare families«) nur 10 Millionen (pro Stunde 616 Wörter; S. 132), eine Schere, die sich mit dem Älterwerden immer weiter öffnet. Manche Eltern scheinen mit ihren Kindern überhaupt nicht zu sprechen und nicht auf deren Sprache zu reagieren (»And for some children as many as one third of 18 random samples throughout a day contained no speech at all.«, S. 72, S. 184). Zur unterschiedlichen Menge an Sprache kommen andere Aspekte hinzu wie Wortverschiedenheit, grammatische Komplexität (z. B. Satzlänge, verschiedene Zeiten), Argumentation, Kohärenz der sozialen Interaktion, Kohärenz zwischen Sprechen und Handeln, inhaltliche Kohärenz und Richtigkeit (in zeitlicher Abfolge, in Verwendung kausaler Interpretationen, in Beziehung der verwendeten Begriffe untereinander), Freundlichkeit, Inhalte der Sprache, Rückmeldungen (70 % der Rückmeldungen von Eltern an Kinder in »professionellen« Familien waren positiv, 80 % der Rückmeldungen in Sozialhilfefamilien negativ, S. 177), Ermutigungen (der Eltern an Kinder pro Stunde: in »professionellen« Familien 6, in Arbeiterfamilien 2, in Sozialhilfefamilien 1, Entmutigungen umgekehrt, S. 199), Erziehungsstile, Bücherzahl, Art des Fernsehkonsums (Sesamstraße vs. Unterhaltungsserien) und des Freizeitverhaltens (Zoo vs. Unterhaltungsfernsehen; S. 69 f.). Dieses unterschiedliche Sprachverhalten – nicht der Sozialstatus – ist dann von entscheidender Bedeutung für die Sprachentwicklung und die allgemeine kognitive Entwicklung (vgl. Rindermann, 2007c).

Förderliche Wirkung der Vollständigkeit des Elternhauses für Kompetenz

In nahezu allen Schulleistungs- und Intelligenzstudien zeigen sich bessere Ergebnisse bei einem Aufwachsen in einer vollständigen Familie und bei Erziehung durch beide Eltern (z. B. bei Dornbusch et al., 1987, in Kalifornien; ähnlich für TIMSS Gonzales, 2000; für PISA 2000 Fertig, 2002; oder Intelligenz: Armor, 2003, S. 78 ff., USA). Sehr drastisch drücken es Caldas und Bankston (1999) aus: Alleinstehende Mütter seien nicht nur für die Schulleistungsentwicklung ihrer Kinder weniger günstig als vollständige Familien, sondern sie beeinträchtigten auch die Entwicklung anderer Kinder, wenn diese mit vielen Kindern alleinstehender Mütter eine Schulklasse besuchten.

> »In other words, being in a school dominated by students from single-parent families can have a negative influence on a student's academic performance even if that student comes from a two-parent family« (S. 98).

Ähnlich unverblümt beschreiben Carneiro und Heckman (2003, S. 208) unvollständige Familien (uneheliche Kinder, Einelternfamilien) als »unhealthy« oder »bad child environment«. Auch Arbeiten von Gottfredson oder Herrnstein und Murray durchziehen

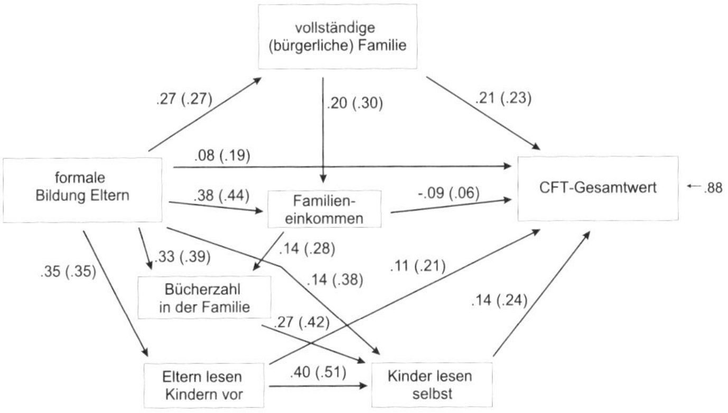

Abbildung 5: Determinanten kognitiver Entwicklung, Pfadanalyse mit Daten von 118 Grundschülern in der Steiermark

diese Wertungen, allerdings hier mit der Betonung der umgekehrten Kausalwirkung: Intelligenz erhöhe die Wahrscheinlichkeit, in Ehe zusammenzuleben und eheliche Kinder zu haben. Schließlich Armor (2003, S. 78):

> »Like education and income, there is a growing evidence that children raised in intact families experience greater success in any number of life endeavors including educational attainment, vocational satisfaction, and social adjustment. By intact family, I mean a family with both biological parents married and living in the children's household. The benefits of being in an intact family appear to extend to a child's IQ and school achievement as well.«

Erstaunlicherweise finden sich Effekte sogar bei der Zulassung zu US-amerikanischen Hochschulen (Lillard u. Gerner, 1999): Kinder, die bei ihrer biologischen Mutter und ihrem biologischem Vater aufwuchsen, werden doppelt so häufig von einer Eliteuniversität zum Studium zugelassen als Kinder aus Einelternfamilien, dies obwohl diese Information in den Hochschulauswahlverfahren nicht vorlag und trotz einer Kontrolle von weiteren Faktoren wie elterlichem Einkommen, Arbeit und Bildung sowie studentischen Leistungsindikatoren wie GPA-Notenschnitt und SAT-Ergebnis. Zudem trauten sie sich häufiger, sich an einer solchen Institution zu bewerben. Scheidung beeinträchtige die kindliche Entwicklung in gravierender Weise. Broken home wird von Forschern wie Neal (2006) auch zur Erklärung des Unterschiedes in kognitiven Kompetenzlevels zwischen Afroamerikanern und Weißen herangezogen.

Man könnte nun einwenden, dass die oben berichteten Studien zu förderlichen Effekten vollständiger Familien auf die USA begrenzt seien. Es ist zutreffend, dass solche Effekte vor allem in den USA untersucht werden (z. B. Mayer, 1997) und dass sie von gesellschaftlichen Rahmenbedingungen abhängig sind. Allerdings finden sich ähnliche Auswirkungen auch in europäischen Studien, zum Beispiel bei Grundschülern in der Steiermark (siehe Abbildung 3; Rindermann u. Thompson, 2011). Ergebnisse dieser Studie sollen erläutert werden: Elterliche Bildung fördert ihr Vorlesen aus Büchern für das Kind (β_{EB}=.35), die Anzahl der Bücher zu Hause (β_{EB}=.33) und das eigenständige Lesen der Kinder (direkt: β_{EB}=.14, gesamt, direkt plus indirekt:.41). Der Einfluss elterlicher Bildung auf die Anzahl der Bücher zu Hause ist höher als der Einfluss des Einkommens auf diese Zahl (β_{EB}=.33 vs. β_{Eink}=.14). Einkommen selbst steht mit Bildung und Familienstatus in Beziehung (β_{EB}=.39 und β_{FS}=.18). Unverheiratete, alleinstehende oder geschiedene Mütter (Kinder dieser Stichprobe lebten, falls nur ein Elternteil, nur bei diesen) haben geringere finanzielle Mittel, etwa weil zwei Haushalte durch die biologischen Eltern zu führen sind oder weil der Vater weniger oder nichts zum Lebensunterhalt beiträgt. Höhere Bildung führt zu höheren Kompetenzen und in einer zumindest teilweisen meritorischen Gesellschaft zu besser bezahlter Berufstätigkeit. Das Bildungsniveau (als ein Indikator für kognitive Kompetenzen und bürgerliche Einstellungen) erhöht die Wahrscheinlichkeit verheirateter Elternschaft und die Stabilität von Familien (z. B. Barnett, 1985; Cunha, Heckman, Lochner u. Masterov, 2006; Gottfredson, 2003).

Der Effekt der bürgerlichen Familie auf fluide Intelligenz (CFT, ein schulferner Intelligenztest) ist in dieser Höhe eher erstaunlich. Kognitive Fähigkeit scheint nicht nur ein Produkt von Erziehung und Bildung zu sein, sondern auch einer allgemeinen bürgerlichen Welt und ihrer Werte und Lebenspraxen. Zwei Eltern zusammen können Kindern eine anregendere Entwicklungsumwelt bieten (siehe Armor, 2003). In einer anderen steirischen Stichprobe waren die Familienstatuseffekte etwas geringer. Ein weiteres relevantes Ergebnis ist, dass Einkommen keinen positiven Effekt auf die Fähigkeitsentwicklung hat, dies – keinen positiven, sondern sogar negative Effekte, oder nur einen gering positiven Effekt – findet man auch in anderen Stichproben Österreichs, in Deutschland und in den USA (Rindermann u. Thompson, 2011): »The results in this book suggest that although children's opportunities are unequal, income inequality is not the primary reason« (Mayer, 1997, S. 156). Dieses robuste Ergebnis stellt auch einen Erfolg der Sozialsysteme dieser Länder dar, die für ein Gesundheit und Bildung sicherndes Auskommen aller sorgen – allerdings ist der Einkommenseffekt in den USA im Vergleich zu Österreich und Deutschland größer.

Ein anderer wichtiger Aspekt ist, dass konkretes Erziehungsverhalten (Vorlesen: β_{Vl}=.11) und Verhalten des Kindes selbst (Lesen: β_{Le}=.14) einen höheren direkten Effekt auf kognitive Fähigkeiten haben als Bildungsniveau der Eltern (β_{EB}=.08; genauso: Melhuish et al., 2008). Die Pfadanalyse zeigt aber ebenso, dass diese Merkmale von elterlicher Bildung abhängen und dass elterliche Bildung durch diese wirkt.

Bildungsbürgerliche Weltanschauung

In einer baden-württembergischen Längsschnittstudie der 1990er Jahre (vgl. Rindermann, 2007a) wurden nebenbei die Zeitungslektüre und die Wertschätzung von Bildung durch die Eltern erhoben. Die Wertschätzung von Bildung durch die Eltern korrelierte hierbei positiv mit kognitiven Fähigkeiten der Kinder, auch bildungs- und kulturorientierte Urlaubsgestaltung, obwohl letzteres nur in der extrem selektiven Stichprobe des damaligen achtjährigen Gymnasiums erhoben wurde. Lektüre von Fernseh- und Frauenzeitschriften ist negativ mit Intelligenz der Kinder korreliert, von *Zeit, Süddeutsche* und *FAZ* positiv, von *Frankfurter Rundschau* und *Stern* negativ. Rundschau und Stern dürften kognitiv kaum weniger stimulierend als die vorgenannten Zeitschriften sein, vermutlich ist weit entscheidender, dass sie (insbesondere die FAZ) für bildungsbürgerliche Orientierungen wie Affirmation von Bildung, Leistung, Fleiß, Lernen und Anstrengungsbereitschaft stehen.

»Individuelle« Faktoren: Denken fördert Denken

Individuelle Determinanten der Kompetenzentwicklung wurden in Anführungszeichen gesetzt, weil diese von elterlichen und schulischen Bedingungen abhängen. In der genannten Baden-Württemberg-Studie wurden auch Lern- und Freizeitverhalten der Schüler untersucht. Wenig überraschend fördert beispielsweise Sport in der Freizeit gute Sportnoten, Sportfernsehen schadet ihnen dagegen. Gleiches trifft auf Musik zu: Musizieren fördert Musikleistungen in der Schule, Musikfernsehen schadet. Unterhaltungsfernsehen wirkt sich generell schädlich auf die kognitive Kompetenzentwicklung aus. Besonders wichtig ist, dass bloßes Auswendiglernen nicht die Denkwissensfähigkeit fördert. Ab einem bestimmten Niveau kognitiver Fähigkeiten (hier Gymnasien und Begabten-Klassen an

Gymnasien in Baden-Württemberg) sind Fleiß und Lernen allein kaum wirksam, *denkendes Arbeiten und Lernen* mit dem Ziel von Verständnis wird für die Fähigkeitsentwicklung wichtiger. Kurz: Denken fördert Denken oder: »In das, was Denken heißt, gelangen wir, wenn wir selber denken« (Heidegger, 1992/1954, S. 3).

Kompetenz der anderen

Zur relevanten Umwelt gehören nicht nur Erziehung, Schule und Wohlstand, sondern auch die Merkmale, Kompetenzen und Einstellungen *der anderen* um eine Person herum. Oft wird für Schulunterricht als wichtiger und vielleicht entscheidender Faktor übersehen, dass mittlere Klassenfähigkeit einen positiven Effekt auf günstige Unterrichtsfaktoren wie Disziplin und effektive Nutzung von Lernzeit, kognitiv anspruchsvollen Unterricht und wenig Leistungsstigmatisierung hat (z. B. Rindermann, 2007a; Bishop, 2006). *Die Intelligenz der anderen macht klug.* Ähnliches findet man auf gesellschaftlicher Ebene: Katholiken wiesen etwa in mehrheitlich von Protestanten bewohnten Regionen Deutschlands ein höheres Bildungsniveau auf als Katholiken in mehrheitlich katholischen Regionen (Becker u. Wößmann, 2007). Da Bildung zu höherer Intelligenz führt, dürfte dies ihre kognitiven Kompetenzen erhöht haben.

Folgen von Bildung und Kompetenz für Kultur, Gesellschaft und Individuen

Zunächst wäre zu klären, was an Bildung und kognitiver Kompetenz wirkt. Bloße Bildungstitel können nur eine distributive Wirkung innerhalb von Gesellschaften haben (vgl. Bourdieu et al., 1981/1971). Relevant an Bildung (im Vergleich zwischen Gesellschaften und Generationen ausschließlich, zwischen Individuen vornehmlich) ist, was sie an Kompetenzwachstum und Einstellungsänderung bei Individuen bewirkt, die sich schließlich in Handlungen manifestieren. Deshalb ist das übliche Arbeiten mit dem Bildungsbegriff in Studien zu Effekten von Bildung verzerrend, da weniger die Bildungstitel an sich wirken, sondern durch diese indizierte Kompetenzen und Einstellungen manifestiert im Handeln. Diese wie der vorige Erfolg im Bildungssystem sind in ihrer Genese nicht nur abhängig von formalen Bildungsinstitutionen, sondern auch von Erziehung und genetischen Anlagen.

Entwicklung von Einstellungen, Weltanschauung und Kultur

Verschiedene Modernisierungstheorien betonen die Relevanz von Bildung und kognitiven Kompetenzen für okzidentale und weltweite Modernisierungsprozesse (z. B. Meyer, 2005/1987; Oesterdiekhoff, 1992). Bildung und Intelligenz sind zunächst als Humankapitalfaktoren wichtig für technische Modernisierungsprozesse (Erfindungen und Anwendung neuer Technik). Zum anderen sind sie relevant für kulturelle und gesellschaftliche Modernisierung wie die Entwicklung abstrakt-allgemeiner Menschenrechtsvorstellungen, des Rechtsstaats und der Praxis der Demokratie (Oesterdiekhoff, 1992; Oesterdiekhoff u. Rindermann, 2008a). Ohne Intelligenz und Wissen kann sich kaum Rationalität entwickeln (vgl. Meisenberg, 2004, S. 139):

> »IQ is a powerful predictor of modern, non-traditional values. The causal arrow is likely to point from the latent trait ›intelligence‹ to a rational, non-traditional system of beliefs and values. As people get brighter they develop a habit of critical thinking, questioning religious dogmas and other sources of traditional authority. Being able to understand the nature of politics, people in modern societies are not easily manipulated by the ruling elite.«

Entwicklung politischen Handelns und politischer Bedingungen

Eine kaum noch zu überblickende Anzahl von Intellektuellen und Wissenschaftlern unterschiedlichster Disziplinen und politischer Orientierung (z. B. Schumpeter, Friedman, Lipset, Habermas, Herrnstein u. Murray, OECD, Simpson) hat immer wieder betont, dass Bildung, Intelligenz, Wissen und Rationalität förderliche, wenn nicht notwendige Bedingungen für Demokratie, Freiheit und Rechtsstaatlichkeit seien. Nur zwei deutsche Beispiele, Adorno (1977/1963, S. 345):

> »Autonome, selbständige, bewußt urteilende und sich entscheidende Individuen« bildeten »die Voraussetzung einer demokratischen Gesellschaft, die nur in Mündigen sich erhalten und entfalten kann.«

Oesterdiekhoff (1992, S. 238):

> »Vor der Etablierung formalen Denkens [der höchsten Stufe kognitiver Entwicklung nach Piaget] haben Interaktionen herrschaftliche und unilaterale Strukturen. Die Sozialbeziehungen sind einseitig: Der eine befiehlt, der andere gehorcht.«

Die Wirkfaktoren laufen binnenkognitiv (rationalere Wahlentscheidungen, funktionalere Politik etc.), über moralisches Handeln, gefördert durch höhere Intelligenz (Toleranz, Perspektivenwechsel, ethischer Universalismus; Piaget, 1954/1932, Kohlberg, 1974/1969), und indirekt über Institutionen. Empirisch lassen sich die Bildung-fördert-Demokratie-Annahmen bestätigen (Glaeser et al., 2007; Rindermann, 2008d): Demokratie, Rechtsstaatlichkeit und Freiheit entwickeln sich dank kognitiver Kompetenzen, gefördert durch Bildung. Spekulative Annahmen der Aufklärung werden empirisch bestätigt.

Bildung übt auf die Entwicklung der Demokratie einen sehr großen positiven Effekt aus (Abbildung 6: $\beta_{SJ60 \rightarrow Demo00}$=.61), umgekehrt besteht kein Effekt ($\beta_{Demo60 \rightarrow SJ00}$=.00). Intelligenz fördert Demokratie ($\beta_{KK64-72 \rightarrow Demo00}$=.42), Demokratie umgekehrt fördert kognitive Fähigkeiten ($\beta_{Demo60 \rightarrow Int00}$=.25). Die Entwicklung der Demokratie erweist sich eindeutig als bildungs- und denkfähigkeitsabhängig (ähnlich: Vanhanen, 2007). Bildung ist vor allem insofern relevant, als es ihr gelingt, kognitive Kompetenzen und damit indirekt auch Verhalten und Einstellungen zu verändern, Bildung als Bildungstitel sind weniger bedeutsam ($\beta_{SJ60 \rightarrow Demo00}$=.10). Es wäre nun abzuwarten, ob trotz einer weniger auf Freiheit, Individualismus und Menschenrechte setzenden Kultur wie in Teilen Ostasiens (Weede,

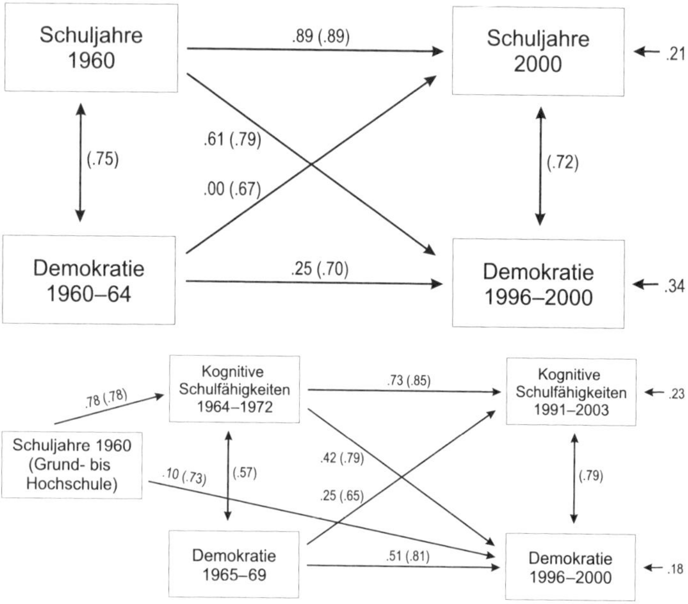

Abbildung 6: Bildung und Demokratie (85 Staaten), kognitive Kompetenzen und Demokratie (17 Staaten)

2000) durch die hohen Kompetenzen diese Region sich stabil in eine solche Richtung entwickelt. Entwicklungen der letzten Jahrzehnte in Taiwan und Südkorea sprechen dafür.

Entwicklung ökonomischer Bedingungen, Wohlstand

Genauso unzweideutig sind positive Effekte von Bildung und kognitiven Kompetenzen für die wirtschaftliche Entwicklung auf Gesellschaftsebene (Rindermann, 2008a) und für Wohlstand wie Sozialstatus auf individueller. Konjunkturzyklen lassen sich damit aber nicht verstehen, nur langfristige Entwicklungen. Kognitive Kompetenz kann aber vor allem dann wirksam werden, wenn die Gesellschaft eine zumindest teilweise *meritorische* ist. In Standesgesellschaften oder in Gesellschaften, in denen durch Geburt, Herkunft und Beziehung das individuelle Schicksal unabhängig von individuellen Merkmalen festgelegt ist, kann Kompetenz nicht relevant werden und lohnt sich kaum. Meritorische Prinzipien sind beispielsweise in Großbritannien wirksam (Nettle, 2003): So korreliert zwar der elterliche Sozialstatus mit dem ihrer erwachsenen Kinder (42 Jahre alt) zu *r*=.26, die Intelligenz der Kinder korreliert mit ihrem späteren Sozialstatus als Erwachsene (42 Jahre alt) mit *r*=.39 aber höher. Dies heißt nun nicht, dass nichts anderes als meritorische Prinzipien wirksam seien, aber sie existieren. Auf internationaler Ebene korreliert meritorische Leistungsethik (»Weberianness«, inwieweit Beamte nach Leistung in einer Prüfung ausgewählt werden, ob eine auf Leistung basierende Karriere möglich ist und ob wettbewerbsfähige und hohe Gehälter gezahlt werden; Evans u. Rauch, 1999) mit Denkwissensfähigkeit zu *r*=.60 (N=35) und mit Bruttoinlandsprodukt zu *r*=.53.

Nomie (begründbare Ordnung)

Ein weiteres wichtiges Gebiet positiver Wirkungen von Bildung und Kompetenz ist das der Entwicklung normorientierteren Verhaltens oder niedrigerer Kriminalität (z. B. individuelle Ebene: Ellis u. Walsh, 2003; internationale Ebene für Morde: Rindermann, 2006b). Die Erklärungen sind vielschichtig: Bildung, Intelligenz und Wissen förderten die Einsicht in die Selbstschädlichkeit kriminellen Verhaltens, die Einsicht in die Fremdschädlichkeit kriminellen Verhaltens, der Weg zu Erfolg sei bei mangelnden kognitiven Fähigkeiten versperrt (und damit abhängig von gesellschaftlichen Merkmalen), Intelligente verübten andere, weniger leicht entdeckbare Formen von Kriminalität, Intelligenz fördere die moralische Entwicklung, für Intelligenz und Nonkriminalität seien ähnliche Entwicklungsbedingungen förderlich und geringe Intelligenz und Kriminalität wären Indikatoren kognitiver, psychischer, sozialer und ethischer Anomie.

Gesundheit

Bildung, Intelligenz und Wissen sind wichtiger für Gesundheit und Lebenserwartung als Sozialstatus: Intelligenz würde die Kompetenz, sich gesundheitsbewusst zu verhalten, erhöhen (Lubinski, 2009; Gottfredson, 2004; Rindermann u. Meisenberg, 2009). Intelligentere verfügten über ein umfangreicheres Wissen und Verständnis um Gesundheit, Krankheit und Krankheitsprävention (»health literacy«), suchten gezielter nach relevanten Informationen, verstünden Zusammenhänge zwischen Verhalten und Gesundheit besser, ernährten sich deshalb gesünder (weniger Fett und Zucker), hörten deshalb eher mit dem Rauchen auf (siehe auch Cunha et al., 2006, S. 725 f.), erkennten eher Krankheits- und Unfallrisiken und verhielten sich deshalb risikoreduzierender, fragten gezielter ärztliche Hilfe nach, verstünden und befolgten eher eine komplexe Krankheitsprävention, -intervention und -nachsorge wie bei Diabetes, nach Transplantationen und Herzinfarkten. Dazu kommen weitere Faktoren wie eine bessere Gesundheitsversorgung, geringere Risiken im Beruf und weniger sozialen Stress. Diese können Intelligentere über ein höheres Einkommen (private Versicherung), andere Berufe und eine höhere Hierarchiepositionen eher erreichen. Bildung und Intelligenz stellen in der Moderne auch *Weichensteller* dar, die von Wissen und Intelligenz kausal unabhängige Risiken auf unterschiedlich intelligente Personengruppen unterschiedlich verteilen. Ausschlaggebend ist aber der Health-Literacy-Effekt.

Lebensführung

Eine der beeindruckendsten Studien zu Effekten von Bildung ist erstaunlicher Weise eine Kindergartenstudie: In der *Perry-Preschool-Studie* (1962–1967, Michigan) untersuchten Wissenschaftler bildungsferne Angehörige und Kinder mit einem IQ zwischen 61 und 88 (alle Afroamerikaner). Gemäß dieser Studie (Barnett, 1985) verbesserte ein ein- bis zweijähriges Kindergartenprogramm, das zweieinhalbstündigen vormittäglichen Kindergartenbesuch, einen nachmittäglichen Besuch bei den drei- bis sechsjährigen Kindern zu Hause durch Erzieherinnen von anderthalb Stunden einmal die Woche und Gruppentreffen für Eltern einschloss, in dieser Gruppe die kognitive Entwicklung (IQ 95 vs. 83), die Schullaufbahnentwicklung war unproblematischer (Sonderschule 16 % vs. 28 %; »more committed to schooling«, S. 336), der erreichte Schulabschluss höher (Highschool 67 % vs. 49 %), der spätere Sozialhilfebezug war seltener (18 % vs. 32 %), die Kriminalitätsrate gesenkt (Verhaftung 31 % vs. 51 %), die Berufstätigkeitsrate gesteigert (50 % vs. 32 %), die Hausbesitzrate höher (36 % vs. 13 %), das Einkommen erhöht (20 % über 2000 US-Dollar monatlich vs. 7 %), die Eherate der Frauen höher (40 % vs. 8 %) und Männer waren länger verheiratet (6,2 vs. 3,3 Jahre), es gab seltener außereheliche Kinder (57 % vs. 83 %) und die Kosten für Justiz und mögliche Opfer waren deutlich gesenkt (70000 US-Dollar). Da Männer öfter Straftaten begehen als Frauen, ist der ökonomische Nutzen der Teilnahme an einem solchen Programm für Männer bzw. für die Gesellschaft, wenn Jungen an diesem Programm teilnehmen, größer als bei Frauen (Cunha et al., 2006, S. 763). Schließlich wurde eine positive Ausstrahlung auf Freunde, Mitschüler, Verwandte, Partner und eigene Kinder vermutet: »Other students may learn more because their classmates are more competent. The increased productivity of the experimental group may have increased the quality of life and productivity of their associates generally« (S. 337). Zentrale These ist, dass alle diese Effekte – zusammenfassbar als »Verbürgerlichung« (siehe oben) – im Wesentlichen durch die Steigerung der Intelligenz durch dieses Programm vermittelt seien (Schweinhart, 2005). Problematisch sind die kleine Stichprobengröße (*N*=123), das Verblassen der Intelligenzeffekte mit dem Alter und die besondere Stichprobenzusammensetzung (Extremgruppe bildungsferner Afroamerikaner mit Durchschnitts-IQ von ca. 80). Allerdings zeigen auch andere Studien solch positive Frühfördereffekte und zudem stabilere Intelligenzverbesserungen (siehe Cunha et al., 2006).

Verschränkungen von Bildungs-, Kompetenz- und Gesellschaftsentwicklung

Es wurden förderliche Bedingungen für Kompetenzentwicklung und Rückwirkungen hoher Kompetenz für individuelle und gesellschaftliche Entwicklung beschrieben. Innerhalb der Bedingungen und Folgen sind die Phänomene miteinander verwoben, das heißt spezifische förderliche Bedingungen gehen mit anderen einher und Folgen sind mit anderen verbunden. Diese bilden – so Grundintention des Textes – ein Muster, das für die bürgerliche Welt steht (siehe auch Rindermann, 2009d).

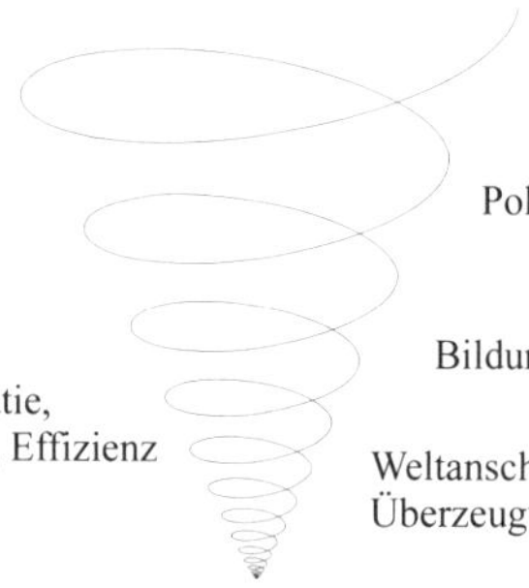

Abbildung 7: Spiralförmige Entwicklungsprozesse zwischen Bedingung und Folgen

Und Bedingungen und Folgen sind in vielen sich stimulierenden Wechselbeziehungen miteinander verzahnt: Bildung fördert Kompetenz, diese Wohlstand, diese steigert den Anregungsreichtum der Umwelt, was wiederum zu höherer Kompetenz führt, auch die der anderen, was wieder die individuelle Entwicklung fördert usw. James Flynn hat Ähnliches als den »social multiplier effect« beschrieben. Diese positiven Interaktionseffekte sind vermutlich mitverantwortlich für den starken Anstieg der Intelligenz um ca. 3-IQ-Punkte pro Jahrzehnt im 20. Jahrhundert. Was am Anfang einer solchen Entwicklung stand, ist nicht mit letzter Gewissheit zu bestimmen, vergleichsweise sicher ist aber das deskriptive Wissen über diese Entwicklung und über einzelne explanative Entwicklungsfaktoren in dieser.

Konklusionen

Bildung fördert kognitive Kompetenz und diese die individuelle wie gesellschaftliche Wohlfahrt. Die Entwicklung der bürgerlichen

Welt hing von Bildung und Kompetenz ab und ihr Bestehen ist vom Gelingen dieser abhängig. Die bürgerliche Welt wiederum fördert über eine Vielzahl von Orientierungen und die Prägung individueller wie gesellschaftlicher Praxen die Kompetenzentwicklung. Bildung und die Fähigkeit wie Bereitschaft zum Denken auf Ebene von Individuen, Gesellschaften und Kulturen bilden zudem die Voraussetzung von Wissenschaft. Ohne Wissen und Intelligenz, ohne wahres Wissen und rational-reflexives Denken, ohne selber Denken, Wille zum Wissen und Offenheit für dieses kann sich keine Erkenntnis und keine Erkenntnis des Denkens selbst entwickeln, weder bei einzelnen Personen noch in der Gesellschaft als Ganzes. Bildung und Intelligenz sind als solche wertvoll, die Fähigkeit zum Denken und zur Reflexion, zum Verstehen von Welt und Mensch und des Verstehens selbst – nichts mehr, aber auch nichts weniger verfolgt die Psychologie.

Briefwechsel

Christoph Hubig an Heiner Rindermann (1)

Lieber Herr Rindermann,

vielen Dank für Ihren Beitrag, den ich mit Gewinn gelesen habe. Zeigt er doch, dass sich fachwissenschaftliche und philosophische Überlegungen zu einem gemeinsamen Themenfeld sinnvoll ergänzen können, und zwar keineswegs in der Weise, dass der »Philosoph« als »Spezialist fürs Allgemeine« (Odo Marquard), der Fachwissenschaftler demgegenüber als »Spezialist fürs Besondere« fungieren könnte. Denn – abgesehen davon, dass die Fachwissenschaften ihre Verallgemeinerungen selbst vornehmen – ginge mit jener Selbststilisierung der Philosophie eine Anmaßung einher, die ersichtlich wird, wenn man sich fragt, wie »das Allgemeine« zustande kommt: Wie anders als durch eine Selbstermächtigung der Philosophie, zwischen Wesentlichem und Unwesentlichem unterscheiden zu können und entsprechende Abstraktionsstrategien einzusetzen, für die die fachwissenschaftlichen Befunde bloßes Material sind. Eine sinnvolle Ergänzung lässt sich meines Erachtens nur dahin gehend konturieren, dass die Philosophie im reflektierenden Nachvollzug der lebensweltlichen und fachwissenschaftlichen Welterschließung und -gestaltung zur Selbstvergewisserung beitragen sowie auf der Basis dieser Freilegung auch anregend und provozierend wirken kann, insofern nämlich, als eine klare Bestimmung jener Weltbezüge den Blick auf ihr Anders-sein-Können richtet und der Aufweis ihrer immer notwendigen Begrenztheit neue Suchräume zu eröffnen vermag. Insbesondere bedeutet dies, dass es nicht Aufgabe der Philosophie sein kann, schiedsrichterlich über Begriffsverwendungen in den Fachwissenschaften zu urteilen, sofern diese ihre Funktion für eine gelingende fachwissenschaftsinterne Kommunikation erfüllen. Es sollte also eher darum gehen, weitere Gesichtspunkte zu nennen, die für eine solche Diskussion bereichernd sein könnten.

Bezüglich Ihrer Definitionen (Kapitel 1) finde ich zunächst eine Gemeinsamkeit in der Fassung von Kompetenz als Disposition, als »Leistungsvoraussetzung«, die sich »in konkreten Leistungen niederschlägt«. Der Begriff der Intelligenz hingegen ist in der Philosophie so divergierend eingesetzt, dass hieraus kaum eine Orientierungsfunktion für abgeleitete Begrifflichkeiten resultieren könnte. Was das Konzept des Wissens betrifft, scheint mir im philosophischen Sprachgebrauch eine engere Beziehung zum Konzept der Rationalität gegeben, insofern nämlich, als Wissen nur als begründetes (ratio) unter unterschiedlichen Kriterien der Begründung (theoretischen wie Konsistenz und Kohärenz, praktischen wie (erfüllte) Intentionalität oder Funktionalität) als Wissen gilt. Nicht jeder »deklarative oder prozedurale Inhalt des Gedächtnisses« gilt damit als Wissen. Rationalität wäre im philosophischen Sprachgebrauch also eine Voraussetzung für Wissen, im psychologischen scheint es umgekehrt zu sein. Dass Wissen ein »kognitives Fähigkeitskonstrukt« ist, deckt sich mit meiner Rekonstruktion von Wissen als Strukturkomponente von Kompetenzen.

Die Unterscheidung zwischen deklarativen und prozeduralen Inhalten scheint der philosophischen Unterscheidung zwischen propositionalem und nicht propositionalem Wissen nahe zu kommen. Freilich sind hier weitere Differenzierungen angebracht: Kreuzklassifikatorisch ließe sich hieraus weiter differenzieren in theoretisches Wissen (knowing that und knowing why) und praktisches/technisches Wissen, ferner in explizites und implizites (Hintergrund-)Wissen, schließlich in sprachliches und nichtsprachliches Wissen (letzteres kann durchaus propositional sein, z. B. mit nichtsprachlichen Zeichen verarbeitbar). Ein für das Können vielfach maßgebliches »tacit knowing« oder »tacit knowledge« (Polany) kann, was das »tacit« betrifft, die unterschiedlichsten Elemente der aufgezeigten Differenzierungen aufweisen. »Können« wiederum als habitualisierte Kompetenz, in bestimmten Situationen Leistungen zu erbringen, bedarf unterschiedlicher Wissensformen – je nach Typ des Könnens – aus dem erwähnten Katalog. Ich stimme ferner mit Ihnen überein, dass Motivationen, Absichten und Einstellungen nicht unter »Kompetenz« oder »Wissen« fallen, wenngleich sie, sofern begründet, rational sein können. Insofern würde meines Erachtens »Rationalität« Wissen in Gänze und Einstellungen zum Teil umfassen.

Der Bildungsbegriff scheint mir von Ihnen umfassender eingesetzt als bei mir, da er offensichtlich Ausbildung mit umfasst. Dennoch scheint die Grundintuition der Begriffsverwendung eine gemeinsame zu sein, nämlich Bildung in einen funktionalen Zusammenhang zur Kompetenzentwicklung zu setzen. Was Kafka und Nietzsche (»Bildungsphilister«) kritisieren, ist genau das, was für Schwanitz das Leitbild abgibt. Emphatisch möchte ich Ihnen zustimmen zu Ihrer Bemerkung, dass »Selbststeuerungsfähigkeit« ohne fördernde Erziehung und Bildung nicht möglich ist – dies ist die Pointe des »Anti-Bildungsromans« Titan von Jean Paul (Bildung wird hier in dem negativen Sinne, wie er Gegenstand auch der Kritik Nietzsches geworden war, gemeint). »Selbststeuerungsfähigkeit« scheint mir das von Ihnen angeführte Pendant zu Hegels »Selbständigkeit« zu sein, allerdings in verkürzter Form: Selbststeuerung ist unter strategischen oder operativen Vorgaben funktionalisierbar. Daher insistiert die philosophische Bildungstheorie im Sinne Hegels und Humboldts darauf, dass der Bildungsprozess ein reflexiver Prozess des Sich-Bildens, Sich-Entfaltens ist, der als solcher vom Bildenden anzuerkennen ist. Vom Bildenden in der Herr-Gestalt in Form der Anerkennung der Subjektposition dessen, der sich arbeitend bildet; vom Sich-Bildenden in der Knechtgestalt in Form der Anerkennung der Subjektposition dessen, von dem die Vorgaben übernommen werden. Dass ein »autoritativer Erziehungsstil« (Kapitel 3) der Erreichung dieses Ziels förderlich ist, beleuchtet nur eine Seite, nur eine notwendige Bedingung: Bildung ist ohne diese wechselseitige Anerkennung nicht zu haben. Daher stimme ich Ihnen, was diesen Aspekt betrifft, zu, wenn Sie betonen, dass eine im guten Sinne autoritäre Erziehung kompetenzentwicklungsförderlich ist, und zwar deshalb, weil nur unter vorgegebenen Idealen, Ansprüche und Erwartungen das zu bildende Individuum lernt, seine Fähigkeiten angesichts der unter diesen Ansprüchen erzielten Resultaten (Werken) einzuschätzen und ein entsprechendes Selbstbewusstsein zu entwickeln – Hegels Dialektik von Herrschaft und Knechtschaft, die zum wahren Selbstbewusstsein führt. Eine antiautoritäre Erziehung (karikiert in der Frage der Zöglinge: »Spielst du heute mit uns, oder müssen wir schon wieder tun, was wir wollen?«) überantwortet die zu Bildenden den Zufällen ihrer Handlungsumgebungen, mit denen sich die einzelnen Individuen mangels vorgegebener Kriterien nicht auseinandersetzen können, ungeachtet der Tatsache, dass diese Kriterien auch im Zuge jener Auseinandersetzung sich als ablehnungsbedürftige erweisen; um aber abgelehnt zu werden auf der Basis eines Verhältnisses, in das sich die zu Bildenden zu ihnen gesetzt haben, müssen sie aber allererst einmal da gewesen sein.

Dankbar bin ich Ihnen für die weiterführenden Bemerkungen zum Bildungsideal bei Leon Battista Alberti, auf den ich mich ja auch bezogen habe. Ersichtlich wird der enge Zusammenhang zwischen dem humanistischen Bildungsideal und der sich herausbildenden bürgerlichen Gesellschaftsform. Einiges bei Alberti liest sich wie die Idealtypisierung, die Max Weber bezüglich der »Entstehung des Kapitalismus aus dem Geiste der protestantischen Ethik« vorgenommen hat (siehe auch Peukert, 1989). Was Sie in Kapitel 2 unter dem Titel »Aufklärung« festhalten, erinnert wieder sehr stark an Jean Pauls »Titan«: Die Bildungsstationen seines Helden Albano (des weißen, unbeschriebenen) sind nicht Instanzen der Übermittlung von Bildungs*inhalten,* sondern widerständige Einflussfaktoren, an denen er, sich selbst bereichernd, abarbeitet, um am Schluss auf die »weiße, von Orangenblüten bedeckte Straße zu treten« (Orangenblüten symbolisieren die Zeitlosigkeit bzw. zeitgleiche Präsenz von Beginn – blühen – und Ernte – Früchte tragen –, wie sie den Orangenbaum kennzeichnet), also die traditionsunvorbelastete oder besser: sich der Traditionen und ihrer Zeitlichkeit entledigt habende Offenheit für eine selbst gesteuerte Gestaltung, wie sie den künftigen Politiker auszeichnet. Erziehung also als Selbstreflexion, wie es Adorno formuliert, und wie es Jean Paul zeigt.

Wie viele Begriffe im Deutschen, die auf -ung enden, drückt auch Bildung sowohl einen Prozess als auch ein Resultat aus. Wenn freilich das Resultat von Bildung enger gefasst wird als

Kompetenz, so lässt sich Bildung als Resultat nicht per se (als Disposition), sondern nur in bestimmten Aktualisierungen konstatieren. Das macht die Schwierigkeit von Bildungstests aus. Auf diese Probleme haben Sie ja ausführlich und erhellend hingewiesen. Was die Kompetenzentwicklung angeht, haben Sie die unterschiedlichen Faktoren ihrer Beeinflussung ausführlich diskutiert. Bezüglich der schulischen Faktoren oder allgemeiner: Faktoren im Kontext der Ausbildung, auch der universitären, würde ich hier wieder mein emphatisches Plädoyer für die Arbeit an Projekten bzw. das Projektstudium anbringen, weil eine solche Arbeit auch die außerschulischen Faktoren optimal zur Geltung zu bringen vermag.

Was Sie im Abschnitt »Denken fördert Denken« anführen, gilt für Kompetenzentwicklung insgesamt und wurde – in anderem Zusammenhang – bereits bei Aristoteles »Tugend lernt man nur durch Tugend« – aufgewiesen: Menschliche Kompetenzen, und darunter fallen auch Tugenden als Haltungen, die Handlungen am Ideal eines gelingenden Gesamtlebensvollzugs in der Sozietät orientieren und daher die handlungsverunmöglichenden Extreme des Mangels und des Überflusses vermeiden, entwickeln sich im Wechselspiel zwischen anerkannten Orientierungen und Widerstandserfahrungen, die unter diesen Orientierungen gemacht werden und dazu verhelfen, die Orientierungen zu konkretisieren und in ein Überlegungsgleichgewicht mit den Urteilen über die Situationen zu bringen, die unter jenen Orientierungen vorgenommen werden. »Aus Erfahrung wird man klug«.

Was genetische Faktoren betrifft, insbesondere wenn sie mit auch in älteren Philosophien herumgeisternden Klimatheorien in Verbindung gebracht werden, scheint mir eine deutliche Skepsis angebracht. Wenn ihr Einfluss auf »ca. 50 bis 80 %« fixiert wird, wirft dies ein schlechtes Licht auf das methodische Design ihrer Erhebung. Wissenschaftstheoretisch gesehen haben wir hier wiederum die Problematik der Erfassung von Dispositionen, die nur über höchst unsichere abduktive Schlüsse im Ausgang von Resultaten zugänglich werden und in heuristischer Absicht eher die unwahrscheinlichen Unterstellungen auszugrenzen vermögen – dies ist aber in hohem Maße abhängig von einem sich sehr schnell entwickelnden Wissensstand.

In Ihren Darlegungen zur »Kompetenz der anderen« sehe ich vieles, was in abstrakterer Weise Hegel in dem von mir besprochenen Kapitel »Das geistige Tierreich« aus der Phänomenologie des Geistes erläutert hat. Der individuelle Bildungsprozess ist angewiesen auf die Reaktionen der anderen angesichts gezeitigter Resultate des individuellen Tuns, welches erst dadurch zur Einschätzung eben dieses Tuns gelangen kann. George Herbert Mead hat diesen Prozess im Hegel'schen Geiste, freilich in einer nüchterneren und einer empirischen Anschlussfähigkeit offenen Terminologie rekonstruiert. Nur der Titel seines Ansatzes »Sozialbehaviorismus« scheint mir äußerst unpassend; es sollte vielmehr von »Sozialinteraktionismus« die Rede sein. Aber was will man gegen etablierte Nomenklaturen ausrichten?

Bezüglich Ihrer Einschätzungen zu »Folgen von Bildung und Kompetenz« stimme ich mit Ihnen überein und würde Ihre Schlusssentenz »Bildung fördert kognitive Kompetenz und diese die individuelle wie gesellschaftliche Wohlfahrt« allenfalls ergänzen um »Bildung fördert kognitive Kompetenz, deren Leistungen eine Strukturkomponente auch und gerade aller praktischen Kompetenzen ist«.

Mit freundlichen Grüßen
Ihr Christoph Hubig

Heiner Rindermann an Christoph Hubig (1)

Lieber Herr Hubig,

haben Sie vielen Dank für Ihren interessanten Text! Ich habe ihn mit Freude gelesen. Ich möchte zuerst die nach Lektüre Ihres Textes aus meiner Sicht zentralen Punkte zusammenfassen.

Zusammenfassung und Gemeinsamkeiten
Bildung sollte sich nicht nur auf klassische Bildungsgüter wie Literatur, Sprache und Musik beziehen, sondern auch auf naturwissenschaftlich-technisch-wirtschaftliche Inhalte. Bildung ist begründbar über Reflexion und Genuss, aber auch über ihre Funktionalität.

Wissen ist in Anlehnung an Platon eine wahre, gerechtfertigte Überzeugung (wobei dasjenige, was wahr und gerechtfertigt ist oder als solches gilt, einer Begründung bedarf). Als Bildungsziel reicht Wissensvermittlung nicht aus, insbesondere nicht die bloße Vermittlung abstrakt oder deklarativ bleibenden Wissens, hinzu kommen muss Kompetenzvermittlung (um bspw. mit dem Wissen umzugehen oder selbst zu schaffen) und eine ethisch-sittliche Erziehung zu humanen Werten. Diese Bildung schließt lebenslanges Lernen ein. Lernen findet in Unterricht und in praktischer Übung, auch in Beobachtung von Vorbildern und in Partizipation an Lebensformen statt. Anhand zweier *allegorischer Darstellungen* aus der Spätrenaissance wird das Verhältnis von Wissen, Kompetenz und Bildung näher beschrieben. Gemäß diesen Allegorien seien zur vernünftigen Erkenntnisgewinnung eine richtige Fragestellung, Argumente und Schlussfolgern wichtig. Wissen und Wahrheit seien relevant in ihrem Beitrag zur Problemlösefähigkeit. Wissen, Rationalität und Wissenschaft scheinen nach der zweiten Allegorie aber nicht zu einem glücklicheren Leben zu führen. – Kompetenz ist als Anlage beim Menschen vorhanden (sonst wäre sie nicht entwickelbar), muss aber durch Bildung erst erarbeitet werden.

Zunächst habe ich bei Lektüre des Textes den Eindruck gewonnen, dass *nicht zwei hochtypische Vertreter* ihres Faches im Dialog stehen. Dass in einem psychologischen Text philosophische Bezüge stehen, ist für einen Text dieser Disziplin heute eher ungewöhnlich, diese Bezüge sind aber nicht zufällig oder in Anpassung an den interdisziplinären Dialog entstanden. Sie liegen vielmehr inhaltlich nahe, wenn versucht wird, a) eine wissenschaftliche Beschäftigung mit Phänomenen reflexiv zu verstehen und zu begründen, b) Begriffe inhaltlich zu definieren, c) die weltanschaulichen, gesellschaftlichen und kulturellen Wurzeln von Bildung, kognitiver Kompetenz (und die Abhängigkeit der individuellen Entwicklung ihrer von solchen makrosozialen Bedingungen) und der wissenschaftlichen Beschäftigung mit ihnen zu bestimmen, d) die Folgen dieser für individuelle und gesellschaftlich-kulturelle Entwicklung zu klären und sie sind zwingend, wenn man sich e) in bisher nicht sehr gängigen Forschungsterrains mit hohem Konfliktpotential bewegt, was einen erhöhten Argumentations- und Begründungsbedarf nach sich zieht. Ein solches Vorgehen ist dann in der Psychologie nicht ungewöhnlich:

1. Historisch hat sich die Psychologie aus der Philosophie entwickelt und in wichtigen psychologischen Werken waren sie in der Vergangenheit immer vereinigt (vgl. James, 1994/1907; Jaspers, 1971/1919; Freud, 1999/1892; Piaget, 1974/1965).
2. Psychologie – wie andere Sozialwissenschaften – profitiert auch in der Gegenwart von einer intellektuellen Rezeption philosophischer Fragestellungen und diese gewinnen in einer erweiterten Form durch empirische Bearbeitung (vgl. Groeben, 1986; Oesterdiekhoff, 2000; Schmidt, 1995; Uslucan, 2001).
3. Wissenschaft stellt einen interaktiven Prozess dar, der von gegenseitiger Rezeption und einer an Regeln der Rationalität orientierten Auseinandersetzung unterschiedlicher Paradigmen profitiert (Rindermann, 2006a). So kann insbesondere die Psychologie, nicht selten zwischen Projektbetrieb und besinnungsarmer Rechnerei gefangen (das beste Beispiel wäre die Praxis des Signifikanztestens; siehe Gigerenzer, 2004, Hunter, 1997), von einer reflexiven Auseinandersetzung mit philosophischem Denken profitieren. Im Ergebnis darf aber kein intellektuell laues Schaumbad wohlklingender Worte und Ideen stehen, sondern es muss etwas, auf rationalem Wege entwickelt, substantiell Neues ausgesagt werden.

Bei Ihnen fällt mir eine bedeutende Beschäftigung mit den *Realia* von Gesellschaft und Jetztzeit auf. Es werden pragmatisch-realistisch Themen gewählt, der Begründungsgang ist nicht »weltfremd«, sondern diesseitig und durch Verwendung von Commonsense nachvollziehbar. Auch hier gibt es eine Tradition, wie die der Stoa, Autoren wie Seneca, Montaigne, Schopenhauer oder Singer, die mit Bezug auf die wahrgenommene Lebenswelt und das Zeitgeschehen dachten. Insofern fällt die Kommunikation zwischen einem philosophierenden Psychologen und einem empirisierenden und psychologisierenden (als Psychologie und Psychisches kennend und einbeziehend) Philosophen leicht.

Hinzu kommen Parallelitäten wie die Rezeption von Alberti, Nietzsche, Hegel und (bei mir latent) von Fuhrmann, ähnliche Grundstimmungen (pragmatisch-realistischer Weltbezug, Nüchternheit, Interesse an Ostasien, vielleicht eine »süddeutsche Mentalität«). Beiden ist auch gemeinsam, Wissen als wahre und gerechtfertigte Überzeugung anzusehen. Darin unterscheiden sie sich von gängigen psychologischen Vorstellungen, die Wissen bescheidener als kognitive (deklarative oder prozedurale) Bestände ansehen, unabhängig von ihrem Wahrheitsgehalt (z. B. Sternberg et al., 2002, betrachten auch über Tradition und Aberglauben »begründbares«, dysfunktionales »Wissen« als Wissen).

Unterschiede und Kritikpunkte
Ich würde aber auch gerne ein paar Differenzen und Kritikpunkte herausarbeiten, beim ersten Punkt liegen wir aber nur wenig auseinander:

- Ich habe Probleme mit *Schwanitz* als Bildungsapologeten. Er schreibt zwar unterhaltsam und hat auch im Wesentlichen gelebt, was er – soweit erkennbar – vertritt, allerdings ironisiert er oft Bildung und funktionalisiert sie (vgl. S. 610 ff., Bildung als demonstrierter Habitus im sozialen Verkehr; ähnlich Bourdieu, 1982/1979, Fussell, 2000/1983). Man könnte auch mit Schwanitz sagen: Schwanitz' Bildungsbuch liest man als Gebildeter nicht, da man sich dann als Ungebildeter outen würde.

Exkurs zu *Manfred Fuhrmann:* Keine Skepsis empfinde ich gegenüber *Fuhrmann* (2002, 1999), er legt ein klar begründetes normatives Konzept von Bildung vor. Hier würde ich aber ähnlich wie Sie es taten, eine Ergänzung um weitere, für die Bewältigung der Moderne relevante Bildungsinhalte vornehmen. Ich habe mir Fuhrmanns Reclam-Text zur Abfassung dieses Briefes noch einmal angeschaut (gelesen Juli 2002). Dabei fiel mir auf, dass meine eigene Bildungskonzeption (siehe mein Haupttext) der von Fuhrmann ähnelt. Nach Fuhrmann (2002, S. 52) solle Bildung »als geistiger Prozess verstanden [werden], der das Individuum zu Selbständigkeit und Freiheit, zur Teilhabe am Kulturganzen und zu voraussetzungsreichen ästhetischen Wahrnehmungen befähigen sollte.«

Meine Konzeption entstand 2003 im Rahmen einer Vorlesung zur Bildungsforschung an der Universität Graz, Fuhrmann kann (neben einer allgemeinen kulturellen Prägung durch die europäische und deutsche Geistesgeschichte) hierin eingeflossen sein. Ich würde noch gerne eine zweite Ergänzung zu Fuhrmann vornehmen: Auf Seite 9 sprach er von den »Errungenschaften [Europas], die es Jerusalem, Athen und Rom verdankt«. Hier sollte man Wittenberg und Florenz ergänzen. Und die kulturell-gesellschaftliche Moderne wäre ohne französische und englische Denker und die historischen Entwicklungen in der Schweiz, in England, den USA und Frankreich (Demokratie, Freiheit, Rechtsstaatlichkeit) nicht denkbar.

- Mir ist der Zweck der Verwendung von *Allegorien* nicht ganz klar. Mir ist zwar die psychologische und philosophische Argumentation für die Relevanz von Metaphern und Modellen in der Wissenschaft zumindest teilweise bekannt (vgl. Groeben, 1986; Stachowiak, 1983; Leary, 1990). Aber diese können nur als Heurismen eine Bedeutung haben, die schließlich in einer eigenen expliziten Position münden sollten.
- Dies führt zu meinem wesentlichsten Punkt: Für was genau argumentieren Sie? Für was stehen Sie? Es werden Punkte anderer Autoren und Allegorien angeführt, aber sind dies auch die eigenen Positionen? Stehen die Zitate auch für die eigene Meinung oder nicht? Welche Relevanz hat eine philosophiehistorische und geistesgeschichtliche Darstellung (wer hat wo wann was gesagt?)? Ist dies indirekt argumentativ? Was heißt »Gehören nicht zu unserem Selbstverständnis eines Lebens in einer technischen Zivilisation Kenntnisse über die Hauptsätze der Thermodynamik, über…? Man könnte die eigene Position deutlicher herausarbeiten und akzentuieren. Meines Erachtens fehlt ein normatives Modell von Bildung, Wissen und Kompetenz – was man gerade von der Philosophie erwarten würde. Als Antworten zu dieser Kritik wären denkbar: 1. HR ist nicht völlig anders, bringt selbst eine Reihe von Zitaten wie von Nietzsche und Alberti. 2. HR ist vielleicht hegelianisch-schopenhauerisch-weberisch-sombartisch (ähnlich auch Weede und Oesterdiekhoff) in seinem (weitem) Bild von der Philosophie geprägt. Diese neigen zu klaren, uns heute oft zu hart anmutenden Begriffen und Positionen. 3. Es ist vermutlich nicht eine Kritik an einem persönlichen Argumentationsstil, sondern an dem einer anderen Disziplin einer bestimmten Zeit (der jetzigen). Vielleicht ist die Zeit seit ca. 1960 ähnlich wie Adorno

nur noch stark in ihrer Kritik, aber nicht in der begründeten Affirmation.

- Die Relevanz des (klassisch philosophischen) Dispositionsexkurses ist mir nicht ganz klar geworden. Ließe sich nicht auch sagen: Psychische Personendispositionen erschließt man aus Verhaltenskonstanten einer Person über verschiedene Zeitpunkte und Situationen hinweg, die um so salienter werden, je mehr sie sich in den Verhaltenskonstanten von anderen Personen (zu ähnlichen Zeitpunkten und in ähnlichen Situationen) unterscheiden. Mit diesen Dispositionen kann man kurze Erklärungen von Verhalten vornehmen (warum zeigte eine Person in einer bestimmten Situation Angst – weil sie ängstlich ist). »Kurze Erklärungen«, weil die entwicklungspsychologische (u. a.) Erklärung von Dispositionen offen bleibt (warum ist jemand ängstlich?). Aus nur einer Situation erschlossene Dispositionen können Verhalten in dieser Situation nicht erklären (Zirkel).
- Schließlich habe ich noch gewisse Probleme mit Marquards Kompensationsidee als Zweck der Geisteswissenschaften (Marquard, 2000/1981, S. 30 ff.), ähnlich mit Lübbe und der Position, Geisteswissenschaften wären als Sinngeber legitimiert. Meines Erachtens rechtfertigen sich Wissenschaften über eine erkenntnisfördernde Beschäftigung mit einem relevanten Gegenstand, zum Beispiel der menschlichen Gesundheit, dem Weltall, dem menschlichen Verhalten und Erleben, der Kunst, der Geschichte, dem Denken und der Geschichte des Denkens, der Ethik usw. Weiterer Begründungsbedarf besteht nicht. Mir ist auch unklar, wie etwa die Beschäftigung mit dem 30-jährigen Krieg oder mit Melanchthon oder Französisch etc. irgendetwas kompensieren könnte. Rein institutionell sind die Geisteswissenschaften über ihre Beteiligung an der Lehrerausbildung abgesichert. Die Beschäftigung mit dem Denken und der Kultur und den Weltanschauungen anderer (anderer Kulturen, anderer Personen, unserer Kultur in früheren Epochen) kann Horizonterweiterung und Reflexion fördern, oft ist diese Beschäftigung aber auch rein funktional-technisch (weitere Publikation, Auswendiglernen für eine Prüfung, Referatsthema). Eine tiefer gehende Auseinandersetzung (man nimmt die andere Position als inhaltliche ernst und hinter-

fragt sie intellektuell und existentiell) findet sich nur bei wenigen (vgl. Sombart, 1913; Jaspers, 1971/1919; Groeben, 1997 ff.).

Gegenwart von Bildung und ihrer Institutionen nicht beachtet
Beide, Sie wie ich, haben bislang nicht die aktuelle Situation der Bildung und Bildungsinstitutionen (Schule, Hochschule) in Deutschland beachtet. Es gibt hier eine Vielzahl von Krisenzeichen. Fuhrmann und Schwanitz haben solche Krisenzeichen skizziert, in der *Forschung und Lehre* findet man nahezu jeden Monat mehrseitige Beschreibungen eines Niederganges. Mancher könnte deshalb auf die Idee kommen, sie in *Die deutsche professorale Klagemauer* umzubenennen, allerdings werden die Deskriptionen durch quantitative Indikatoren wie Abwanderung in Privatschulen, Auslandsschulen und Auslandshochschulen und sinkende Nobelpreiszahlen für deutsche Universitäten sowie numerische Vergleiche mit Auslandsuniversitäten objektiviert. Hier nur wenige Systematisierungen und Beispiele:

- *Einkommen und Verträge von Wissenschaftlern:* Das Einkommen des wissenschaftlichen Nachwuchses (frühere C1- und C2-Stellen, jetzt BAT-IIa oder gar TVöD-L) wurde durch Tarifumstellung, ausbleibende Erhöhungen und Kürzungen (Weihnachtsgeld, Familienzuschläge u. a.) um ca. 10–25 % nominell und ca. 30 % real seit 2000 gekürzt. Ähnliches trifft auf viele Professoren, insbesondere neuberufene Professoren zu (je nach Vertrag, falls gemäß Standard ca. nominell – 28 %, real ca. – 35 %). Lebenszeitstellen werden zu Zeitverträgen mit entsprechendem Verlust an Unabhängigkeit umgewandelt (Österreich, Schweiz, z. T. Deutschland).
- *Lehrdeputat und Seminargrößen:* Das Lehrdeputat von Universitätsprofessoren wurde von 1975 6 SWS auf 8, 9, 12 oder gar 13 SWS (je nach Bundesland und Professurart) erhöht, im Mittelbau von 4 auf 6 und bis zu 20 SWS, in beiden Gruppen teilweise einhergehend mit Gehaltskürzungen (50–75 %-Stellen) und Zeitbefristung. Seminarstärken umfassen (insbesondere in der Lehrerausbildung) bis zu 700 Studierende (NRW; Thurn, 2007). Der Autor selbst hatte (Paderborn) Seminare mit bis zu 190 Studierenden, in der Summe in 7 Seminaren pro Semester zwischen 460 und 760 Studierende, die alle einen Schein über

Referat, Hausarbeit oder Klausur erwerben sollten. Eine solche Situationen scheint man in Hochschule, Hochschulleitung und Hochschulpolitik als gegeben zu betrachten, man rechnet sogar mit weiter steigenden Studierendenzahlen. Hochschulen werden zu ihrer Aufnahme über einen »Hochschulpakt« verpflichtet. In der Schweiz haben ganze Pädagogische Hochschulen nur etwas wenig mehr Studierende als in Deutschland ein einziger Dozent.

- *Krankheitsraten und Frühpensionierungen:* Hier fehlen bislang systematische Statistiken für Wissenschaftler und Professoren im Vergleich verschiedener Jahrzehnte, beides scheint nach Beobachtungen zuzunehmen (ersteres z. T. recht simpel vor Vorträgen, um Zeit für deren Vorbereitung zu haben).
- *Weitere sich verschlechternde Arbeitsbedingungen und Zeitkonsumenten:* Zum Beispiel seit 1975 meist zwingende Pensionierung mit 65; Reduktion an Mitarbeiter-, Sekretariats- und Hilfskraftstellen; zunehmende administrative Belastung wie Umorganisation von Studiengängen, Gutachten, Evaluation und Verkomplizierung einfachster Verfahrensabläufe einschließlich Problemen mit Verwaltung (vgl. Rost, 2007).
- *Bildung und Kompetenz der Studierenden,* insbesondere, aber nicht nur von Lehramtsstudierenden: Eine untere, notwendige und hinreichende Schwelle von Bildung und Kompetenz ist nicht durch »Hochschulaufnahmeverfahren« und die schulische »Vorbildung« sicherbar. Beispiele: Studierende, mit denen man sich in keiner der eigenen Sprachen verständlich machen kann (Deutsch, Englisch, Spanisch, Portugiesisch, Italienisch), die aber trotzdem Referate halten, Hausarbeiten schreiben und das Studium erfolgreich bestehen. Lehramtsstudierende, die selbstgewählten Prüfungsstoff nicht verstehen und nicht selbständig mit ihm denken können, ihn nur auswendig gelernt haben, die nicht zu kohärenten und systematisch aufgebauten Vorträgen imstande sind, aber aufgrund der Mitprüfer (Realschullehrer), die noch deutlich schlechtere Leistungen anderer Prüflinge gesehen hatten und auf Note 2 plädierten, bestehen.
- *Bildung und Kompetenz der Wissenschaftler:* Hier liegen Beobachtungen und Berichte zu Problemen vor (siehe Rost, 2007), auch wenn es opportun wäre, sie zu übersehen. Einige scheinen

Probleme mit der deutschen Sprache zu haben. Gründe hierfür neben allgemeinem Zeitmangel und abnehmender Kontrolle durch (kompetente) Lektoren in qualitätsorientiert arbeitenden Verlagen sind die schwindende sprachliche Bildung und Kompetenz, die aus Schule und Hochschule mitgebracht werden (Bayer, 2007). Bedeutsamer sind fachliche Probleme, für die es aber selten wie in der Sprache eindeutige Regeln gibt. Bekanntes Beispiel ist der Signifikanztest (Oakes, 1986). Und solche Phänomene beschränken sich womöglich nicht auf formale Aspekte wie die der Sprache und Methodik, sondern betreffen auch die Kohärenz von Gedankengängen und Argumentationen, Inhalte, Auswahl der Inhalte, wissenschaftliche Einstellungen und geistige Offenheit gegenüber anderem, den Impetus, neue Fragen und Paradigmen zu entwickeln (z. B. Fischer, 2007; Singer, 1994/1993). Die oben skizzierten, gesellschaftlich und politisch gesetzten Rahmenbedingungen, die auch Ausdruck veränderter kulturell-weltanschaulicher Orientierungen sind, helfen beiden Gruppen nicht, Studierenden wie Lehrenden, exzellente Kompetenz zu entwickeln, sie müsste eher gegen diese entwickelt werden.

Es gibt zweifelsohne Bereiche wie außeruniversitäre Forschungsinstitutionen, die von solchen Transformationsprozessen weniger belastet sind und Hervorragendes zu leisten vermögen. Und Vorteile des technischen Fortschritts (z. B. Informationszugang und -verbreitung über Internet) erleichtern und demokratisieren die Forschung. Wesentliche Ressourcen aller Wissenschaft – kognitive Kompetenz, Zeit, Finanzmittel in Höhe und Sicherheit, ein intellektuell stimulierendes, anspruchsvolles und freies Umfeld – sind aber gefährdet, reduziert oder destruiert. Die Gesellschaft wird mit den vermutlichen Folgen leben müssen (z. B. Griffith, Redding u. Reenen, 2004). Vielleicht darf man am Ende auch noch eine leicht ironisierende und entspannende Bemerkung in Form eines Zitates anbringen (Horaz, –23, in den Oden 3, 6):

»Aetas parentum peior avis tulit
nos nequiores, mox daturos
progeniem vitiosiorem.«

Die Generation unserer Eltern, schlechter als die der Großeltern,
hat uns, die Schlechteren, hervorgebracht,
die wir bald eine noch verworfenere Nachkommenschaft
erzeugen werden.

Solange Kritik geübt wird, lebt die Vorstellung eines Besseren.

Mit freundlichen Grüßen
Heiner Rindermann

Christoph Hubig an Heiner Rindermann (2)

Lieber Herr Rindermann,

vielen Dank für Ihre ausführliche Antwort, die mir Gelegenheit gibt, noch einige weitere Erläuterungen anzubringen, die erforderlich sind.

In der Einleitung zu meinen Überlegungen – die als Einleitung natürlich hinführenden Charakter hat und eigene Thesen noch nicht entwickelt – habe ich mich auf Einstein und Schwanitz bezogen, weil mir Einstein – wenn auch nicht in philosophisch ausgefeilter Terminologie – das Problem adäquat erfasst zu haben scheint und Schwanitz die Problemstellung deutlich verfehlt. Denn Einstein weist bereits darauf hin, dass Bildung nicht mit Wissen gleichzusetzen ist, während Schwanitz Bildung auf das Haben von Wissen reduziert. Einstein löst nicht das Problem, sondern exponiert es bloß – was aber eine nicht zu unterschätzende Leistung ist –, während Schwanitz eher affirmativ das verbreitete Bewusstsein unterstützt, dass man gebildet sei, wenn man bestimmte Dinge wisse. Leider vermag ich bei Schwanitz nicht – wie Sie – einen Zug von Selbstironie zu erkennen. Eher von Überheblichkeit, wie er die »Bildungsphilister« (Nietzsche) charakterisiert. Dass das von Schwanitz vorgetragene Wissen auch in den weit ausgebreiteten Bereichen der Geistes- und Sozialwissenschaften wirklich fehlerhaft ist und eher geläufige Einstellungen und Vorurteile spiegelt, dramatisiert die Situation. So wird zum Beispiel die neuzeitliche dialektische Philosophie unter den Topoi der klassischen Rhetorik beschrieben (mit den Begriffen These-Antithese-Synthese, die Hegel nie verwendet), obwohl unter ihnen die Spezifik eines dialektischen Widerspruches im Unterschied zu einem logischen Widerspruch sowie die Spezifik seiner Aufhebung (Negation der Negation) nicht ausgeführt werden kann. Ein dialektischer Widerspruch besteht nämlich in der Negation einer Möglichkeit qua Bestimmung einer Wirklichkeit, die, wenn sie in der Reflexion in ihrem negativen Charakter erkannt ist, aufhebbar ist. Logische Widersprüche sind nicht aufhebbar. Auch kommen die philosophischen Ursprünge oder weltanschaulichen Grundlagen der Dichtung und Literatur zu kurz, zum Beispiel Goethes Spinozismus und vieles andere mehr. Die Darstellung verbleibt auf dem Niveau des »gebildeten« Geschwätzes bzw. schlechten Feuilletons. Das unterscheidet, nebenbei bemerkt, Fuhrmann von Schwanitz.

Dass ich nicht mit Definitionen anhebe, sondern meine Überlegungen auf bestimmte definitorische Klarstellungen hinführen sollen, entspricht der Aufgabenstellung der Philosophie. Vorabfestlegungen definitorischer Art sind beim fachwissenschaftlichen Vorgehen legitim und dienen als Instrumente der Verständigung. In der philosophischen Reflexion hingegen geht es um die Adäquatheit von Begrifflichkeiten, in deren Lichte Problemstellungen modelliert und Lösungsstrategien präformiert werden. Die Adäquatheit von Begriffen legt die Wahrheitsfähigkeit (nicht die Wahrheit) von Urteilen fest. Definitionen sind insofern Erträge philosophischen Bemühens.

Das wirft ein Licht auf Ihre Formulierung »Der Mensch ist Gegenstand psychologischer wie philosophischer Forschung«. Während die Philosophie durch ihre »Arbeit am Begriff« den Menschen in seiner Anstrengung, zu sich selbst in ein Verhältnis zu treten (Reflexion), zu unterstützen sucht, ist er für die Sozialwissenschaften und die Psychologie zunächst einmal ein Forschungsobjekt (das natürlich mit den Erträgen dieser Forschung seinerseits umgehen kann). Die desolate Verfasstheit und der Pluralismus so genannter Anthropologien zeigen, in welche Schwierigkeiten man gerät, wenn auf der Basis objektbezogener Forschungserträge Abstraktionen und Verallgemeinerungen vorgenommen werden. Philosophische Anthropologie kann daher nur als negative Anthropologie entworfen werden, was in neuerer Zeit insbesondere Helmuth Plessner herausgestellt hat. Negative Anthropologie heißt, dass das Wesen des Menschseins darin besteht, kein Wesen zu haben, sondern dieses Wesen immerfort herzustellen. Der Modus dieser Herstellung ist eben – Bildung. Das ist letztlich die emanzipatorische Idee, die seit dem Humanismus mit dem Konzept der Bildung verbunden ist. Diese Idee anzuerkennen, ist die Haltung, die ich vertrete (nach der Sie noch einmal explizit gefragt haben). Deren Konsequenzen war auszuführen, und die verschiedenen Argumentationslinien, die ich entwickelt habe, sollten diesen Zweck erfüllen. Dabei habe ich mich bemüht, nicht einfach von einem – wie Sie erfragt haben – »Standpunkt« aus zu argumentieren, sondern einen Horizont zu entfalten.

Dieser Bildungsidee wirkt entgegen, wenn Bildung auf Ausbildung reduziert wird. Ausbildung ist natürlich legitim, wenn die Ziele dieser Ausbildung von den Auszubildenden anerkannt sind. Die Befähigung zur Anerkennung von Ausbildungszielen ist ein Aspekt von jenem Bildungsziel. Wenn daher bestimmte Wirtschaftsverbände oder der VDI aus guten Gründen neben der fachbezogenen Ausbildung die Vermittlung weiterer Kompetenzen gefordert haben, finde ich dies keineswegs verdächtig, nur weil dies aus der Sicht der Wirtschaft formuliert wurde, die natürlich auch an guter Ausbildung interessiert ist. Einsichten eines klugen Wirtschaftens sind oftmals denjenigen einer administrativ orientierten (Bildungs-)Politik überlegen.

Wenn ich in verschiedenen Passagen auf Allegorien oder literarische Texte abhebe, ist dies in einem philosophischen Diskurs keineswegs ungewöhnlich. Über solche Zeugnisse, sofern sie in heuristischer Absicht eingesetzt werden, kann man sich über die Adäquatheit philosophischer Begrifflichkeiten zu vergewissern suchen. Allegorien stellen ja – im Gegensatz zur Bezeichnungsfunktion von Symbolen – Vollzüge und Prozesse dar (vgl. z. B. Walter Benjamin oder Karl Wilhelm Ferdinand Solger) und sind insofern ein vorzügliches Ausdrucksmittel für die Darstellung von Ambivalenzen. Gleiches gilt für die »schöne« Literatur, die im Gegensatz zu manch philosophischer Begrifflichkeit die Probleme nicht einfach wegdefiniert. Über die Allegorien suchte ich also die Leserinnen und Leser für die Problemlage einzustimmen.

Meine Ausführungen zu Kompetenzen als Dispositionen sollten – in wissenschaftstheoretischer Absicht – den Grund freilegen für die Schwierigkeit, das Vorliegen von Kompetenzen empirisch zu eruieren. Um auf Ihr Beispiel »Angst« zurückzukommen: Wenn man Angst, wie verschiedentlich in der Psychologie anzutreffen, definiert als Zustand im Schnittpunkt von Aversions- und Appetenzgradienten, dann ist dies natürlich empirisch festzustellen (sofern andere Bestimmungsfaktoren ausschließbar sind). Wie verhält es sich aber mit »Ängstlichkeit«, die über verschiedenste Erscheinungsformen (einschließlich kompensatorischer Überaktivität o. Ä.) sich äußern könnte? Dasselbe gilt natürlich auch für Kompetenzen.

Zu Recht weisen Sie darauf hin, dass in meinem Beitrag der soziale Hintergrund und die institutionelle Verfasstheit des Bildungsgeschehens nicht hinreichend diskutiert werden. Darin sah ich freilich nicht primär meine Aufgabe, weil die Diskussion um Bildung versus Ausbildung, Effektivität versus Effizienz, Gratifikationen und Leistungsanreize in rationalisierender und rationierender Absicht in aller Breite geführt wird. Natürlich sind unsere Überlegungen um diesen Aspekt zu ergänzen, und ich danke Ihnen, dass Sie ihn in Erinnerung gerufen haben. Im Vergleich zu den Hochschulen – von Elitehochschulen abgesehen – zum Beispiel in Frankreich, England, den USA, Italien, um nur einige zu nennen, sind die Ausstattungen der deutschen Hochschulen nach meinem Eindruck übrigens durchaus gut. Es fehlen bei uns allerdings in dramatischer Weise nötige Ressourcen für die schulische Ausbildung sowie im Personalbereich an den Hochschulen. Ersteres erklärt die von Ihnen erwähnte fehlende Bildung der Studienanfänger, letzteres die Überlastung der Hochschullehrerinnen und Hochschullehrer. Ich erlaube mir, zu dieser Frage auf meinen Aufsatz »Kommerzialisierung von Forschung und Wissenschaft« (Hubig, 2010) zu verweisen.

Mit freundlichen Grüßen
Ihr Christoph Hubig

Heiner Rindermann an Christoph Hubig (2)

Lieber Herr Hubig,

ich fand in Ihren beiden Briefen weitere erhellende Aspekte. Brief 1 ist durchdrungen von einem Ton intellektueller Bescheidenheit (insbesondere was die Rolle der Philosophie betrifft), mit wesentlichen Punkten bin ich d'accord: a) Verständnis und Praxis von Philosophie als Neues eröffnende Reflexionsquelle (»Horizont entfalten«), b) erst bei einer Bindung an Rationalität deklarative und prozedurale Inhalte des Gedächtnisses als Wissen zu bezeichnen, c) Lernen im aktiven Vollzug als eine besonders effektive Form aufzufassen, d) Wertschätzung autoritativer Erziehung (nach Diana Baumrind).

Ich glaube, ich hatte in Ihrem Haupttext Ihre Schwanitz-Rezeption als zu positiv verstanden. In Ihren beiden Briefen rücken Sie ihn in die Nähe der von Nietzsche und Kafka kritisierten Bildungsphilister. Dafür empfinde ich Schwanitz als zu ironisch und selbstdistanzierend (z. B. S. 35 zur Germanistik, S. 79 zu Nero, S. 610 ff. zu Nichtwissen). Grundsätzlich halte ich seinen Bildungskanon für brauchbar (aber ergänzungsbedürftig; siehe meinen Haupttext und Brief 1). Man sollte auch beachten, was man von Allgemeingebildeten an Wissen und Kompetenz rein zeitlich neben Beruf und Familie etc. erwarten kann. Hätten Studierende (und andere an Hochschulen) nur 50 % des Schwanitz'schen Buchwissens, dann sähe die Welt an Universitäten anders aus.

Erlauben Sie mir auf einen meines Erachtens wichtigen methodischen Aspekt Ihres Haupttextes und ersten Briefes einzugehen: Sie *interpretieren Allegorien* (Darstellungen der Bildenden Kunst) und *Romane* (Jean Paul), in einem Gespräch in Stuttgart erwähnten und interpretierten Sie Romane von Dostojewskij. Fiktionale Kunst dient hier der Erkenntnisgewinnung (u. a. zum Aufzeigen von Ambivalenzen). Dies ist in der gegenwärtigen akademischen Psychologie völlig unüblich: Man benutzt Tests, Fragebögen, Verhaltensbeobachtungen und biologische Messungen und manchmal lässt man Personen selbst zu Wort kommen, aber *kulturelle Sedimente kognitiver Tätigkeit* werden höchstens als individuelle in der klinischen Psychologie genutzt (Familie in Tieren malen

u. Ä.). Weitergehenden Aufschluss über Begriffe und historische Entwicklungen oder eine Nutzungsmöglichkeit als heuristische oder gar validierende Datenquelle erwartet man nicht. Man müsste vielleicht einmal näher untersuchen, welche Funktion Arbeiten aus Kunst, Architektur und Literatur in verschiedenen Formen der Philosophie haben, ich kann mich beispielsweise daran erinnern, in Sloterdijks *Eurotaoismus* mehrere Abbildungen von Rolltreppen, Werbephotos und Installationen gesehen zu haben, für Jaspers waren Nietzsche und Kierkegaard bedeutende Psychologen (siehe auch Jüttemann, 1988). Die akademische Psychologie hat meines Erachtens in den letzten 50 Jahren einen zu engen methodischen Weg eingeschlagen (siehe auch Jüttemann, 1992; Laucken, 2003). Ich persönlich könnte mir sehr gut vorstellen, *Werke fiktionaler und darstellender Kunst* (Romane, Gedichte, Dramen usw., Gemälde, Plastiken, Architektur und Baustile), *Lebensformen* und *Weltanschauungen* (z. B. Jaspers, 1971/1919; Rindermann, 2011a), überhaupt alle Ergebnisse kognitiver Tätigkeit als *Sedimente* ihrer zu verstehen und als Gegenstand individueller wie gesellschaftlich-kultureller Diagnostik zu verwenden. So könnte man beispielsweise versuchen, bei einem Gang hinauf zu Universitäten in Zürich und durch sie hindurch und im Betrachten der Wandgestaltungen im Vergleich zu Bremen, Bielefeld, Paderborn oder Saarbrücken, zu Wien, Graz und München oder Harvard, Stanford und Princeton etwas über die jeweilige Entstehungszeit und deren Wertschätzung von Bildung und Inhalte ihrer und über ihre gegenwärtige Bedeutung zu erfahren. Kunst auf individueller wie kultureller Ebene ließe sich hinsichtlich eines Entwicklungsstandes (bspw. »Draw-a-Man-Test«; Colom, Flores-Mendoza u. Abad, 2007) beurteilen. Diese Methoden wären gemäß gängiger Standards systematisierbar (Objektivität, Reliabilität, Validität).

Der zweite interessante Punkt ist die positive Wertschätzung der *»Widerständigkeit«* (bei Rousseaus Émile und in der Stoa Ähnliches): Wenn ich hier nichts übersehe, gibt es das in der psychologischen Forschung als Thema nicht. Man untersucht Umwelt als förderliche. Die möglicherweise positive Funktion der Abarbeitung an Normen und ihrer teilweisen Überschreitung sowie am Widerstand von Stoff und Welt selbst ist nicht erkennbar Gegenstand der Forschung.

In Brief zwei gingen Sie noch einmal kurz auf VDI und Wirtschaft ein: Hieran würde ich gerne anknüpfen, über die konkrete Meisterung der Lebenswelt, über Wirtschaften und Handeln lassen sich auch unter schwierigen Bedingungen Formen von Rationalität, zumindest von Handlungsrationalität, herstellen. Vielleicht hat dies die Entwicklung von intellektueller Rationalität bei einem aus einer Kaufmannsfamilie stammenden Intellektuellen wie Alberti und in Oberitalien als Region erleichtert (Braudel, 1999/1989). Diese auf Ausbildung zielenden Aspekte von Bildung sind sehr wichtig, erschöpfen aber nicht Bildung (siehe Ihr zweiter Brief). Wissen und Wissenserwerb um ihrer selbst machen Freude und sind wertvoll. Vielleicht sollte man am Ende auf eine wichtige Figur der Literatur verweisen, die in der Periode der Entstehung des neohumanistisch-deutschen Bildungsgedankens als Prototyp hierfür entstanden ist: Faust. Reflexion und Verstehen als Motiv, Einstellung und Kompetenz befreien und finden Erfüllung in ihrem Vollzug.

Mit freundlichen Grüßen
Ihr Heiner Rindermann

Literatur

Adorno, Th. W. (1977/1963). Résumé über Kulturindustrie. In Kulturkritik und Gesellschaft (S. 337–345). Frankfurt a. M.: Suhrkamp.

Adorno, Th. W. (1969/1966). Erziehung nach Auschwitz. In Stichworte. Kritische Modelle (S. 85–101). Frankfurt a. M.: Suhrkamp.

Alberti, L. B. (1986/1441). Vom Hauswesen (della famiglia). München: DTV.

Anastasi, A. (1958). Heredity, environment, and the question »How«? Psychological Review, 65, 197–208.

Aquin, Th. von (1951/1273). Summa Theologica. Salamanca: Biblioteca de Autores Cristianos.

Aristoteles (1995/–322). Metaphysik. Werke Band V. Hamburg: Felix Meiner.

Aristoteles (1995/–322). Nikomachische Ethik. Werke Band III. Hamburg: Felix Meiner.

Armor, D. J. (2003). Maximizing intelligence. New Brunswick: Transaction Publishers.

Asendorpf, J. B. (2004). Psychologie der Persönlichkeit. Berlin: Springer.

Augustinus (1961/400). Confessiones – Bekenntnisse. Berlin: Union.

Bacon, F. (1963). Distributio operis. The Works of Francis Bacon IV, ed. by J. Spelding. Nachdr. Stuttgart: Fromann-Holzboog.

Barnett, W. S. (1985). Benefit-cost analysis of the Perry preschool program and its policy implications. Educational Evaluation and Policy Analysis, 7 (4), 333–342.

Baumrind, D. (1989). Rearing competent children. In W. Damon (Hrsg.), Child development today and tomorrow (S. 349–378). San Francisco: Jossey-Bass.

Bayer, K. (2007). Kein Wunder! Ursachen für die unzureichenden Grammatikkenntnisse zukünftiger Deutschlehrer. Forschung und Lehre, 14 (6), 346–347.

Becker, F. (1938). Die Intelligenzprüfung unter völkischem und typologischem Gesichtspunkt. Zeitschrift für angewandte Psychologie und Charakterkunde, 55 (1), 15–111.

Becker, S. O., Wößmann, L. (2007). Was Weber wrong? A human capital theory of Protestant economic history. Cesifo Working Paper No. 1987, Category 4: Labour Markets.

Birbaumer, N. (1996). Zur Tragikomödie der deutschen kognitiven Psychologie. Ethik und Sozialwissenschaften, 7 (2/3), 299–300.
Bishop, J. H. (2006). Drinking from the fountain of knowledge. In E. A. Hanushek, F. Welch (Hrsg.), Handbook of the economics of education (II, S. 909–944). Amsterdam: North-Holland.
Block, N. (1995). How heritability misleads about race. Cognition, 56, 99–128.
Böhme, J. (1942). Sämtliche Schriften. Hg. von A. Faust u. W.-E. Peukert. Stuttgart: Fromann.
Bourdieu, P. (1982/1979). Die feinen Unterschiede. Frankfurt a. M.: Suhrkamp.
Bourdieu, P. (1988/1984). Homo academicus. Frankfurt a. M.: Suhrkamp.
Bourdieu, P., Boltanski, L., Saint-Martin, M. de, Maldidier, P. (1981/1971). Titel und Stelle. Über die Reproduktion sozialer Macht. Frankfurt a. M.: Europäische Verlagsanstalt.
Braudel, F. (1999/1989). Modell Italien: 1450–1650. Berlin: Wagenbach.
Bronfenbrenner, U., Ceci, S. J. (1994). Nature-nurture reconceptualized in developmental perspective: A bioecological model. Psychological Review, 101 (4), 568–586.
Caldas, S. J., Bankston, C. L. (1999). Multilevel examination of student, school, and district-level effects on academic achievement. Journal of Educational Research, 93 (2), 91–100.
Campanella, T. (1960/1602). Sonnenstaat. In K. J. Heinisch (Hrsg.), Der utopische Staat (S. 111–169). Reinbek: Rowohlt.
Carnap, L. (1928/1974). Der logische Aufbau der Welt. Hamburg: Meiner.
Carnap, L. (1954). Testability and Meaning. Philosophy of Science 3/4. New Haven.
Carnap, L. (1960). Theoretische Begriffe der Wissenschaft. Zeitschrift für philosophische Forschung, 14, 209–233.
Carneiro, P., Heckman, J. J. (2003). Human capital policy. In J. J. Heckman, A. B. Krueger (Hrsg.), Inequality in America (S. 77–239). Cambridge: MIT Press.
Cattell, R. B. (1987/1971). Intelligence: Its structure, growth and action. Amsterdam: Elsevier.
Cavalli-Sforza, L. L. (2001/1996). Gene, Völker und Sprachen. Die biologischen Grundlagen unserer Zivilisation. München: DTV.
Cavalli-Sforza, L. L., Cavalli-Sforza, F. (1994). Verschieden und doch gleich. Ein Genetiker entzieht dem Rassismus die Grundlage (Chi siamo. La storia della diversità umana). München: Droemer Knaur.
Ceci, S. J. (1991). How much does schooling influence general intelligence and its cognitive components? Developmental Psychology, 27 (5), 703–722.
Ceci, S. J., Williams, W. M. (2009). Should scientists study race and IQ? Yes: The scientific truth must be pursued. Nature, 457, 788–789.
Cole, M. (1984/1977). Eine ethnographische Psychologie der Kognition. In T. Schöfthaler, D. Goldschmidt (Hrsg.), Soziale Struktur und Vernunft (S. 291–310). Frankfurt a. M.: Suhrkamp.
Colom, R., Flores-Mendoza, C., Abad, F. J. (2007). Generational changes on the Draw-a-Man Tes. Journal of Biosocial Science, 39 (1), 79–89.

Condorcet, M.-J.-N. (1963/1794). Entwurf einer historischen Darstellung der Fortschritte des menschlichen Geistes. Frankfurt a. M.: Europäische Verlagsanstalt.

Craig, E. (1993). Was wir wissen können. Frankfurt a. M.: Suhrkamp.

Cunha, F., Heckman, J. J., Lochner, L., Masterov, D. V. (2006). Interpreting the evidence on life cycle skill formation. In E. A. Hanushek, F. Welch (Hrsg.), Handbook of the economics of education (I, S. 697–812). Amsterdam: North-Holland.

DeGroot, A. D. (1951). War and the intelligence of youth. Journal of Abnormal and Social Psychology, 46, 596–597.

Dierkes, M.; Hoffmann, U.; Marz, L. (1992). Leitbild und Technik. Zur Entstehung und Steuerung technischer Innovationen. Berlin.

Diels, H./Kranz, W. (1971). Die Fragmente der Vorsokratiker (1906). Zürich u.Hildesheim: Weidmann.

Dilthey, W. (1958): Der Aufbau der geschichtlichen Welt in den Geisteswissenschaften. Werke VII. Stuttgart: Teubner.

DKI (1991). Erklärung zur Verantwortung von Ingenieuren und Naturwissenschaftlern. DUZ 21.

Dornbusch, S. M., Ritter, Ph. L., Leiderman, P. H., Roberts, D. F., Fraleigh, M. J. (1987). The relation of parenting style to adolescent school performance. Child Development, 58, 1244–1257.

Durkheim, E. (1995/1895). Die Regeln der soziologischen Methode. Frankfurt a. M.: Suhrkamp.

Einstein, A. (1936): Physik und Realität. The Journal of the Franklin Institute 221: 313–347.

Ellis, L., Walsh, A. (2003). Crime, delinquency and intelligence. In H. Nyborg (Hrsg.), The scientific study of general intelligence (S. 343–365). Oxford: Pergamon.

Ember, C. R. (1984/1977). Kulturvergleichende Kognitionsforschung. In T. Schöfthaler, D. Goldschmidt (Hrsg.), Soziale Struktur und Vernunft (S. 112–137). Frankfurt a. M.: Suhrkamp.

Erpendeck, J., Rosenstiel, L. von (Hrsg.) (2007). Handbuch Kompetenzmessung. Stuttgart: Schäffer-Poeschel.

Essler, W. K. (1982). Wissenschaftstheorie I. Definition und Reduktion. Freiburg-München: Alber.

Evans, P., Rauch, J. E. (1999). Bureaucracy and growth. American Sociological Review, 64, 748–765.

Fertig, M. (2002). Educational production, endogenous peer group formation and class composition. Essen: RWI Discussion Papers, 2.

Fest, J. (1988). Im Gegenlicht. Eine italienische Reise. Berlin: Siedler.

Fischer, E. P. (2005). Einstein. München-Zürich: Piper.

Fischer, K. (2007). Fehlfunktionen in der Wissenschaft. Erwägen – Wissen – Ethik, 18 (1), 3–16 u. 65–76.

Flaubert, G. (1998/1881). Das Wörterbuch der Gemeinplätze. Zürich: Haffmans.

Flynn, J. R. (1984). The mean IQ of Americans: Massive gains 1932 to 1978. Psychological Bulletin, 95, 29–51.
Flynn, J. R. (2008). Lurija und das Paradox massiver IQ-Gewinne längs der Zeit. In G. W. Oesterdiekhoff, H. Rindermann (Hrsg.), Kultur und Kognition (S. 111–132). Münster: Lit.
Flynn, J. R. (2009). Would you wish the research undone? Nature, 458, 146.
Forschungsabteilung für Industriewirtschaft (1995). Arbeitsbericht Nr. 23. Tübingen.
Frank, P. (1979). Albert Einstein. Sein Leben und seine Zeit. Braunschweig-Wiesbaden: Vieweg.
Freud, S. (1999/1968/1892). Gesammelte Werke in 18+1 Bänden. Frankfurt a. M.: Fischer.
Fuhrmann, M. (1999). Der europäische Bildungskanon des bürgerlichen Zeitalters. Frankfurt a. M.: Insel.
Fuhrmann, M. (2002). Bildung – Europas kulturelle Identität. Stuttgart: Reclam.
Fussell, P. (2000/1983). Cashmere, Cocktail, Cadillac. Göttingen: Steidl.
Garin, E. (1966). Geschichte und Dokumente der abendländischen Pädagogik II. Humanismus. Reinbek: Rowohlt.
Gelade, G. A. (2008a). IQ, cultural values, and the technological achievement of nations. Intelligence, 36, 711–718.
Gelade, G. A. (2008b). The geography of IQ. Intelligence, 36, 495–501.
Gerster, P., Nürnberger, Ch. (2001). Der Erziehungsnotstand. Berlin: Rowohlt.
Gettier, E. (1963). Is Justified Ture Belief Knowledge? Analysis 23, 121–123.
Gigerenzer, G. (2000). Adaptive thinking. Oxford: Oxford University Press.
Gigerenzer, G. (2004). Mindless statistics. The Journal of Socio-Economics, 33, 587–606.
Glaeser, E., Ponzetto, G., Shleifer, A. (2007). Why does democracy need education? Journal of Economic Growth, 12 (2), 77–99.
Goethe, J. W. von (1986/1795). Wilhelm Meister. Stuttgart: Reclam.
Gonzales, P. (2000). Mathematics and science in the eigth grade. Washington: National Center for Education Statistics.
Goodman, N. (1975). Tatsache, Fiktion, Voraussage. Frankfurt a. M.: Suhrkamp.
Gordon, R. A. (1997). Everyday life as an intelligence test. Intelligence 24 (1), 203–320.
Gottfredson, L. S. (2003). g, jobs and life. In H. Nyborg (Hrsg.), The scientific study of general intelligence (S. 293–342). Oxford: Pergamon.
Gottfredson, L. (2004). Life, death, and intelligence. Journal of Cognitive Education and Psychology 4 (1), 23–46.
Gouguenheim, S. (2008). Aristote au Mont Saint-Michel. Paris: Editions du Seuil.
Griffith, R., Redding, S., Reenen, J. von (2004). Mapping the two faces of R&D: Productivity growth in a panel of OECD industries. The Review of Economics and Statistics, 86 (4), 883–895.
Groeben, N. (1986). Handeln, Tun, Verhalten. Tübingen: Francke.
Groeben, N. (Hrsg.) (1997 ff.). Zur Programmatik einer sozialwissenschaftlichen Psychologie. Münster: Aschendorff.

Groeben, N., Schreier, M., Christmann, U. (1993). Fairneß beim Argumentieren. Linguistische Berichte 147, 355–382.
Groethuysen, B. (1978/1927). Die Entstehung der bürgerlichen Welt- und Lebensanschauung in Frankreich. Frankfurt a. M.: Suhrkamp.
Gruber, H., Ziegler, A. (Hrsg.). (1996). Expertiseforschung. Opladen: Westdeutscher Verlag.
Grupp, H. (1997). Messung und Erklärung des technischen Wandels. Berlin.
Guiso, L., Monte, F., Sapienza, P., Zingales, L. (2008). Gender, culture, and math. Science, 320, 1164–1165.
Haag, L. (2001). Auswirkungen von Lateinunterricht. Psychologie in Erziehung und Unterricht, 48, 30–37.
Habermas, J. (1973/1968). Erkenntnis und Interesse. Frankfurt a. M.: Suhrkamp.
Hallpike, Ch. R. (1990/1979). Die Grundlagen primitiven Denkens. Stuttgart: Klett-Cotta.
Hanushek, E. A., Welch, F. (Hrsg.). (2006). Handbook of the economics of education (I+II). Amsterdam: North-Holland.
Hanushek, E. A., Woessmann, L. (2009). Do better schools lead to more growth? Cognitive skills, economic outcomes, and causation. Bonn: IZA DP No. 4575.
Hart, B., Risley, T. R. (1995). Meaningful differences in the everyday experience of young American children. Baltimore: Paul Brookes.
Hartig, J., Klieme, E. (2006). Kompetenz und Kompetenzdiagnostik. In K. Schweizer (Hrsg.), Leistung und Leistungsdiagnostik (S. 127–143). Heidelberg: Springer.
Heckman, J. J. (2000). Policies to foster human capital. Research in Economics, 54, 3–56.
Hegel, G. W. F. (1952/1807). Phänomenologie des Geistes. Hg. von J. Hoffmeister. Hamburg.
Hegel, G. W. F. (1986/1821). Grundlinien der Philosophie des Rechts. Frankfurt a. M.: Suhrkamp.
Hegel, G. W. F. (1999/1821). Grundlinien der Philosophie des Rechts. Hauptwerke in sechs Bänden, Band V. Hamburg: Felix Meiner.
Hegel, G. W. F. (1970/1822). Vorlesungen über die Philosophie der Weltgeschichte. Band I: Die Vernunft in der Geschichte. Berlin: Akademie-Verlag.
Heidegger, M. (1962/1949). Die Technik und die Kehre. Stuttgart: Neske.
Heidegger, M. (1992/1954). Was heißt Denken? Stuttgart: Reclam.
Heller, K. A. (Hrsg.). (2002). Begabtenförderung im Gymnasium. Opladen: Leske + Budrich.
Heller, K. A., Rindermann, H. (2010). Hochbegabungsdiagnostik. In C. Quaiser-Pohl, H. Rindermann (Hrsg.), Lehrbuch Entwicklungsdiagnostik (S. 247–266). München: Reinhardt.
Herrnstein, R. J., Murray, Ch. (1994). The bell curve. New York: Free Press.
Hoff-Ginsberg, E. (1991). Mother-child conversation in different social classes and communicative settings. Child Development, 62, 782–796.
Hopmann, S. Th., Brinek, G., Retzl, M. (Hrsg.). (2007). PISA zufolge PISA. Wien: LIT.

Horaz (2000/–8). Glanz der Bescheidenheit. Oden und Epoden. Zürich: Artemis & Winkler.
Horkheimer, M. (1997/1947). Zur Kritik der instrumentellen Vernunft. Frankfurt a. M.: Fischer.
Hubig, Ch. (1984): Humanismus – Die Entdeckung des individuellen Ichs und die Reform der Erziehung. In E. Fischer (Hrsg.), Propyläen Geschichte der Literatur. 3. Bd.: Renaissance und Barock 1400–1700 (S. 31–67). Frankfurt a. M. u. a.: Propyläen.
Hubig, Ch. (2010). Kommerzialisierung von Forschung und Wissenschaft. In C. Adam, J. Müller, R. Thun, W. Warnecke (Hrsg.), Die bedingte Universität. Die Institution der Wissenschaft zwischen »Sachzwang« und »Bildungsauftrag« (S. 43–62). Stuttgart: Schmetterling Verlag. Auch in: M. Kettner (Hrsg.) (2011). Kommerzialisierung und Gesellschaft. Freiburg u. München: Fink.
Hunt, E., Carlson, J. (2007). Considerations relating to the study of group differences in intelligence. Perspectives on Psychological Science, 2 (2), 194–213.
Hunter, J. E. (1997). Needed: A ban on the significance test. Psychological Science, 8, 3–7.
Jahoda, M., Lazersfeld, P. F., Zeisel, H. (1980/1933). Die Arbeitslosen von Marienthal. Frankfurt a. M.: Suhrkamp.
James, W. (1994/1907). Was ist Pragmatismus? Weinheim: Beltz.
Jaspers, K. (1971/1919). Psychologie der Weltanschauungen. München: Piper.
Jaensch, E. R. (1938). Grundsätze für Auslese, Intelligenzprüfung und ihre praktische Verwirklichung. Zeitschrift für angewandte Psychologie und Charakterkunde, 55 (1), 1–14.
Jensen, A. R. (1998). The g factor. The science of mental ability. Westport: Praeger.
Jüttemann, G. (Hrsg.). (1988). Wegbereiter der Historischen Psychologie. Weinheim: PVU/Beltz.
Jüttemann, G. (1992). Psyche und Subjekt. Reinbek: Rowohlt.
Kafka, F. (1936). Gesammelte Schriften. Beschreibung eines Kampfes. Novellen, Skizzen, Aphorismen aus dem Nachlaß. Prag: Heinrich Mercy Sohn.
Kant, I. (1958/1786). Was heißt: Sich im Denken orientieren? Werke in sechs Bänden, Band III (S. 265–283). Frankfurt a. M.: Insel/Wiss. Buchgesellschaft.
Kern, A. (2006). Quellen des Wissens. Zum Begriff vernünftiger Erkenntnisfähigkeiten. Frankfurt a. M.: Suhrkamp.
Klauer, K. J. (Hrsg.). (2001). Handbuch kognitives Training. Göttingen: Hogrefe.
Klemm. K.; Rolff. H.-G.; Tillmann, K.-J. (1985). Bildung für das Jahr 2000. Reinbek: Rowohlt.
Kohlberg, L. (1974/1969). Zur kognitiven Entwicklung des Kindes. Frankfurt a. M.: Suhrkamp.
Komlos, J., Kriwy, P. (2003). The biological standard of living in the two Germanies. German Economic Review, 4 (4), 493–507.
Laucken, U. (2003). Theoretische Psychologie. Denkformen und Sozialpraxen. Oldenburg: Universitätsverlag.
Leary, D. E. (Hrsg.). (1990). Metaphors in the history of psychology. Cambridge: Cambridge University Press.

Lee, J. J. (2010). Review of intelligence and how to get it. Personality and Individual Differences, 48 (2), 247–255.
Lenhart, V. (1998). Protestantische Pädagogik und der »Geist« des Kapitalismus. Frankfurt a. M.: Lang.
Lévy-Bruhl, L. (1966/1922). Die geistige Welt der Primitiven. Darmstadt: Wissenschaftliche Buchgesellschaft.
Lévi-Strauss, C. (1992/1952). Rasse und Geschichte. In C. Lévi-Strauss (Hrsg.), Strukturale Anthropologie II (S. 363–407). Frankfurt a. M.: Suhrkamp.
Lewontin, R. C. (1975). Genetic aspects of intelligence. Annual Review of Genetics, 9, 387–405.
Lichtenstein, E. (1971). Bildung. In Historisches Wörterbuch der Philosophie. Bd. 1 (S. 921–937). Basel: Schwabe Verlag.
Lillard, D., Gerner, J. (1999). Getting to the Ivy League: How family composition affects college choice. Journal of Higher Education, 70 (6), 706–730.
Lipset, S. M., Raab, E. (1995). Jews and the New American Scene. Cambridge: Harvard University Press.
Locurto, Ch. (1990). The malleability of IQ as judged from adoption studies. Intelligence, 14, 275–292.
Lübbe, H. (1990). Der Lebenssinn in der Industriegesellschaft. Berlin u. a.: Springer.
Lubinski, D. (2009). Cognitive epidemiology: With emphasis on untangling cognitive ability and socioeconomic status. Intelligence, 37, 625–633.
Lurija, A. R. (1987/1974). Die historische Bedingtheit individueller Erkenntnisprozesse. Berlin: Deutscher Verlag der Wissenschaften.
Lynn, R. (1982). IQ in Japan and the United States shows a growing disparity. Nature, 297, 222–223.
Lynn, R., Harvey, J., Nyborg, H. (2009). Average intelligence predicts atheism rates across 137 nations. Intelligence, 37, 11–15.
Lynn, R., Longley, D. (2006). On the high intelligence and cognitive achievements of Jews in Britain. Intelligence, 34, 541–547.
Lynn, R., Vanhanen, T. (2002). IQ and the wealth of nations. Westport: Praeger.
Mackie, J. L. (1962): Conterfactuals and Causal Laws. In R. J. Butler (Ed.), Analytical Philosophy. Oxford, 66–80.
Mackie, J. L. (1965). Cause and Conditions. American Philosophical Quarterly, 2, 245–264.
Marquard, O. (2000/1981). Philosophie des Stattdessen. Stuttgart: Reclam.
Marquard, O. (1986). Apologie des Zufälligen. Stuttgart: Reclam.
Mayer, S. E. (1997). What money can't buy: Family income and children's life chances. Cambridge, MA: Harvard University Press.
Meisenberg, G. (2004). Talent, character, and the dimensions of national culture. Mankind Quarterly, 45, 123–168.
Meisenberg, G., Lawless, E., Lambert, E., Newton, A. (2006). Determinants of mental ability on a Caribbean island, and the mystery of the Flynn effect. Mankind Quarterly, 46 (3), 273–312.
Melhuish, E. C., Phan, M. B., Sylva, K., Sammons, P., Siraj-Blatchford, I., Taggart,

B. (2008). Effects of the home learning environment and preschool center experience upon literacy and numeracy development in early primary school. Journal of Social Issues, 64 (1), 95–114.
Meyer, J. W. (2005/1987). Weltkultur. Wie die westlichen Prinzipien die Welt durchdringen. Frankfurt a. M.: Suhrkamp.
Mill, J. S. (1988/1859). Über die Freiheit. Stuttgart: Reclam.
Mill, J. S. (1872). System der deductiven und inductiven Logik. Eine Darlegung der Grundsätze der Beweislehre und Methoden wissenschaftlicher Forschung. Leipzig: Fues.
Mittelstraß, J. (1989). Der Flug der Eule. Von der Vernunft der Wissenschaft und der Aufgabe der Philosophie. Frankfurt a. M.: Suhrkamp.
Mojsisch, B. (1991). Intelligenzen. In Lexikon des Mittelalters, Band 5 (S. 459–461). München: Artemis.
Montaigne, M. de (1962). Essais Tome 1. Paris: Editions Garnier Frères.
Murray, Ch. (2007). Jewish genius. Commentary, 123 (10), 29–35.
Neal, D. (2006). Why has black-white skill convergence stopped? In E. A. Hanushek, F. Welch (Hrsg.), Handbook of the economics of education (I, S. 511–576). Amsterdam: North-Holland.
Nelson, B. (1977). Der Ursprung der Moderne. Frankfurt a. M.: Suhrkamp.
Nettle, D. (2003). Intelligence and class mobility in the British population. British Journal of Psychology, 94, 551–561.
Nietzsche, F. (1980). Werke in sechs Bänden. München u. Wien: Carl Hanser.
Nisbett, R. E. (2009). Intelligence and how to get it. Why schools and cultures count. New York: Norton.
Oakes, M. (1986). Statistical inference. Chichester: John Wiley.
Oesterdiekhoff, G. W. (1992). Traditionales Denken und Modernisierung, Jean Piaget und die Theorie der sozialen Evolution. Opladen: Westdeutscher Verlag.
Oesterdiekhoff, G. W. (2000). Zivilisation und Strukturgenese. Frankfurt a. M.: Suhrkamp.
Oesterdiekhoff, G. W. (2007). Die Spiele in den antiken Arenen und verwandte Grausamkeitspraktiken. Moralentwicklungspsychologie als Moral- und Sittengeschichte der Menschheit. Karlsruhe: Unveröffentlc Manuskript.
Oesterdiekhoff, G. W., Rindermann, H. (Hrsg.) (2008a). Kultur und Kognition: Die Beiträge von Psychometrie und Piaget-Psychologie zum Verständnis kultureller Unterschiede. Münster: Lit.
Oesterdiekhoff, G. W., Rindermann, H. (2008b). Paradigmen kognitiver Kompetenz. In G. W. Oesterdiekhoff, H. Rindermann (Hrsg.), Kultur und Kognition (S. 1–18). Münster: Lit.
Paine, P., Dorea, G. J., Pasquali, L., Monteiro, A. M. (1992). Growth and cognition in Brazilian schoolchildren: A spontaneously occurring intervention study. International Journal of Behavioral Development, 15 (2), 169–183.
Panofsky, E. (1977). Das Leben und die Kunst Albrecht Dürers. München: Rogner und Bernhard.
Petrarca, F. (1995/1336). Die Besteigung des Mont Ventoux. Stuttgart: Reclam.

Peukert, D. J. K. (1989). Max Webers Diagnose der Moderne. Göttingen: Vandenhoeck & Ruprecht.
Piaget, J. (1954/1932). Das moralische Urteil beim Kinde. Zürich: Rascher.
Piaget, J. (1974/1965). Weisheit und Illusionen der Philosophie. Frankfurt a. M.: Suhrkamp.
Piaget, J. (1975). Gesammelte Werke 1–10. Stuttgart: Klett.
Platon (1982/1940/–350). Theaitetos. In Platon, Sämtliche Werke in 3 Bänden, Berliner Ausgabe, II (S. 563–661). Heidelberg: Lambert Schneider.
Plomin, R., Kennedy, J. K. J., Craig, I. W. (2006). The quest for quantitative trait loci associated with intelligence. Intelligence, 34, 513–526.
Priester, E. (1949). Kurze Geschichte Österreichs. Band II. Wien: Globus.
Rat für Forschung Technologie und Innovation (1998). Kompetenz im globalen Wettbewerb. Perspektiven für Bildung, Wirtschaft und Wissenschaft, Feststellungen und Empfehlungen. Berlin.
Rescher, N. (1961). Belief Contravening Suppositions. Philosophy Review, 70, 176–196.
Reinikka, R., Svensson, J. (2004). Local capture: Evidence from a central government transfer program in Uganda. Quarterly Journal of Economics, 119 (2), 679–705.
Rindermann, H. (2004). Intelligenz. In H. S. Friedman, M. W. Schustack, Persönlichkeitspsychologie und Differentielle Psychologie (S. 372–389). München: Pearson.
Rindermann, H. (2006a). Formen wissenschaftlicher Auseinandersetzung. Erwägen – Wissen – Ethik (Ethik und Sozialwissenschaften), 17 (2), 251–263 u. 313–321.
Rindermann, H. (2006b). Was messen internationale Schulleistungsstudien? Psychologische Rundschau, 57 (2), 69–86.
Rindermann, H. (2007a). Die Bedeutung der mittleren Klassenfähigkeit für das Unterrichtsgeschehen und die Entwicklung individueller Fähigkeiten. Unterrichtswissenschaft, 35 (1), 68–89.
Rindermann, H. (2007b). Intelligenz, kognitive Fähigkeiten, Humankapital und Rationalität auf verschiedenen Ebenen. Psychologische Rundschau, 58 (2), 137–145.
Rindermann, H. (2007c). The g-factor of international cognitive ability comparisons: The homogeneity of results in PISA, TIMSS, PIRLS and IQ-tests across nations. European Journal of Personality, 21, 667–706.
Rindermann, H. (2007d). Epistemische Rationalität und Reflexion als normative Grundlagen institutionalisierter Wissenschaft. Erwägen – Wissen – Ethik, 18 (1), 51–54.
Rindermann, H. (2008a). Relevance of education and intelligence at the national level for the economic welfare of people. Intelligence, 36, 127–142.
Rindermann, H. (2008b). Wechselwirkungen zwischen Intelligenz und Gesellschaft aus Perspektive der psychometrischen Intelligenzforschung. In G. W. Oesterdiekhoff, H. Rindermann (Hrsg.), Kultur und Kognition (S. 165–207). Münster: Lit.

Rindermann, H. (2008c). International vergleichende Schulleistungs- und Intelligenzstudien: Warum schneiden die einen gut ab, die anderen schlecht? Versuch einer Erklärung unter ausschließlicher Berücksichtigung von Bildungsmerkmalen. Empirische Pädagogik, 22 (1), 17–48.

Rindermann, H. (2008d). Relevance of education and intelligence for the political development of nations: Democracy, rule of law and political liberty. Intelligence, 36, 306–322.

Rindermann, H. (2008e). Ethik der wissenschaftlichen Arbeit und in der gesellschaftlichen Praxis von Forschung und Lehre. Erwägen – Wissen – Ethik, 19 (4), 537–540.

Rindermann, H. (2009a). Emotionale-Kompetenz-Fragebogen (EKF). Göttingen: Hogrefe.

Rindermann, H. (2009b). Lehrevaluation. Landau: Empirische Pädagogik.

Rindermann, H. (2009c). Reflexive Rationalität als Grundlage der Wissenschaft. In H. R. Yousefi, Ch. Dick (Hrsg.), Das Wagnis des Neuen. Kontexte und Restriktionen der Wissenschaft. Festschrift für Klaus Fischer zum 60. Geburtstag (S. 61–90). Nordhausen: Traugott Bautz.

Rindermann, H. (2009d). Intelligenz als bürgerliches Phänomen. Merkur, 63 (8/723), 666–676.

Rindermann, H. (2009e). Qualitätsentwicklung in der Hochschullehre. Beiträge zur Lehrerbildung, 27 (1), 64–73.

Rindermann, H. (2010). Die psychologisch-kulturelle Entwicklungsdimension der Vernunft. In H. R. Yousefi, K. Fischer (Hrsg.), Viele Denkformen – eine Vernunft? Über die vielfältigen Gestalten des Denkens (S. 161–171). Nordhausen: Traugott Bautz.

Rindermann, H. (2010). Kennzeichen guter Lehre. In Ch. Spiel, B. Schober, P. Wagner, R. Reimann (Hrsg.), Bildungspsychologie (S. 410–415). Göttingen: Hogrefe.

Rindermann, H. (2011a). Karl Jaspers und die Psychologie der Weltanschauung. In H. R. Yousefi, W. Schüßler, R. Schulz, U. Diehl (Hrsg.), Karl Jaspers – Grundbegriffe seines Denkens (S. 253–265). Reinbek: Lau.

Rindermann, H. (2011b). Persönlichkeit in Lehr-Lern-Kontexten der Schule und Hochschule. In M. Amelang, L. F. Hornke & M. Kersting (Hrsg.), Enzyklopädie der Psychologie, B/II/1 Grundfragen und Anwendungsfelder psychologischer Diagnostik (S. 281–342). Göttingen: Hogrefe.

Rindermann, H., Ceci, S. J. (2009). Educational policy and country outcomes in international cognitive competence studies. Perspectives on Psychological Science, 4 (6), 551–577.

Rindermann, H., Kwiatkowski, V. (2010). Intelligenzdiagnostik im Kindesalter. In C. Quaiser-Pohl, H. Rindermann (Hrsg.), Lehrbuch Entwicklungsdiagnostik (S. 102–132). München: Reinhardt.

Rindermann, H., Meisenberg, G. (2009). Relevance of education and intelligence at the national level for health: The case of HIV and AIDS. Intelligence, 37, 383–395.

Rindermann, H., Sailer, M., Thompson, J. (2009). The impact of smart fractions,

cognitive ability of politicians and average competence of peoples on social development. Talent Development and Excellence, 1 (1), 3–25.
Rindermann, H., Thompson, J. (2011). Parents' education, less so their money, nurtures the intelligence of their children: Results of 19 samples in six countries at different development levels. Manuskript eingereicht zur Begutachtung.
Ritter, J. (1977/1969). Metaphysik und Politik. Frankfurt a. M.: Suhrkamp.
Robertson, K. F., Smeets, S., Lubinski, D., Benbow, C. P. (2010). Beyond the threshold hypothesis. Current Directions in Psychological Science, 19, 346–351.
Rösing, I. (2004). Intelligenz und Dummheit. Wissenschaftliche Konzepte, Alltagskonzepte, fremdkulturelle Konzepte. Heidelberg: Asanger.
Rost, D. H. (2007). Interpretation und Bewertung pädagogisch-psychologischer Studien. Weinheim: Beltz-UTB.
Rousseau, J.-J. (1978/1760). Emile oder über die Erziehung (Émile). Stuttgart: Reclam.
Rushton, J. Ph. (2004). Placing intelligence into an evolutionary framework or how g fits into the r-K matrix of life history traits including longevity. Intelligence, 32, 321–328.
Rushton, J. Ph., Jensen, A. R. (2005). Thirty years of research on Black-White differences in cognitive ability. Psychology, Public Policy & the Law, 11 (2), 235–294.
Rushton, J. Ph., Vernon, Ph. A., Bons, T. A. (2007). No evidence that polymorphisms of brain regulator genes Microcephalin and ASPM are associated with general mental ability, head circumference or altruism. Biology Letters, 3, 157–160.
Saunders, P. (2002). Reflections on the meritocracy debate in Britain. British Journal of Sociology, 53, 559–574.
Schiller, F. (o. J./1789). Was heißt und zu welchem Ende studiert man Universalgeschichte? (Schillers sämtliche Werke, Band 10) (S. 199–213). Leipzig: Reclam.
Schmidt, N. D. (1995). Philosophie und Psychologie. Reinbek: rororo.
Schooler, C., Mulatu, M. S., Oates, G. (1999). The continuing effects of substantively complex work on the intellectual functioning of older workers. Psychology an Aging, 14 (3), 483–506.
Schreier, M., Groeben, N. (1999). Selbstbeobachtung und Selbstreflexion im Forschungsprogramm Subjektive Theorien. Journal für Psychologie, 7 (2), 26–30.
Schwanitz, D. (2002/1999). Bildung. Alles, was man wissen muß. München: Goldmann.
Schweinhart, L. J. (2005). The High/Scope Perry Preschool Study through age 40. Ypsilanti: High/Scope Educational Research Foundation.
Schwekendiek, D., Pak, S. (2009). Recent growth of children in the two Koreas: A meta-analysis. Economics and Human Biology, 7, 109–112.
Singer, P. (1994/1993). Praktische Ethik. Stuttgart: Reclam.
Skinner, B. F. (1985/1948). Walden II. Reinbek: Rowohlt.
Sloterdijk, P. (1989). Eurotaoismus. Frankfurt a. M.: Suhrkamp.
Sloterdijk, P. (1983). Kritik der zynischen Vernunft. Frankfurt a. M.: Suhrkamp.

Sombart, W. (1913). Der Bourgeois. München: Duncker & Humblot.
Stachowiak, H. (Hrsg.) (1983). Modelle – Konstruktion der Wirklichkeit. München: Wilhelm Fink.
Stegmüller, W. (1970). Probleme und Resultate der Wissenschaftstheorie und analytischen Philosophie II. Berlin u. a.: Springer.
Stekeler-Weithofer, P. (2005). Philosophisches Selbstbewusstsein. Hegels System als Formanalyse von Wissen und Autonomie. Frankfurt a. M.: Suhrkamp.
Sternberg, R. J. (1985). *Beyond IQ: A triarchic theory of human intelligence.* New York: Cambridge University Press.
Sternberg, R. J., Grigorenko, E. L., Kidd, K. K. (2005). Intelligence, race and genetics. American Psychologist, 60 (1),46–59.
Sternberg, R. J., Grigorenko, E. L., Ngorosho, D., Tantufuye, E., Mbise, A., Nokes, C., Jukes, M., Bundy, D. A. (2002). Assessing intellectual potential in rural Tanzanian school children. Intelligence, 30 (2), 141–162.
Taschinski, R. (1985). Eine Untersuchung zur Kulturfairneß der Progressiven Matrizen von Raven gegenüber türkischen Kindern in Deutschland. Psychologie in Erziehung und Unterricht, 32 (3), 229–239.
Tatzl, K. (2009). Entwicklungsförderliche Kurzzeiteffekte eines Kinderkrippenbesuchs. Graz: Diplomarbeit in der Abteilung Entwicklungspsychologie.
Thomson, G. H. (1937/1936). Intelligence and civilisation: A Ludwig Mond lecture delivered at the University of Manchester on October 23rd, 1936. Journal of the University of Manchester, 1, 18–38. Wiederabdruck in: Deary, I. J., Lawn, M., Brett, C. E., Bartholomew, D. (2009). »Intelligence and Civilisation«. Intelligence, 37, 48–61.
Thurn, S. (2007). Was ist der Bildungsauftrag der Schule? Interview mit der Leiterin der Laborschule Bielefeld. Das Hochschulwesen, 1, 2–7.
Tiedemann, J., Billmann-Mahecha, E. (2004). Migration, Familiensprache und Schulerfolg. In W. Bos, E. M. Lankes, N. Plaßmeier, K. Schwippert (Hrsg.), Heterogenität (S. 269–280). Münster: Waxmann.
Turkheimer, E., Haley, A., Waldron, M., D'Onofrio, B., Gottesman, I. I. (2003). Socioeconomic status modifies heritability of IQ in young children. Psychological Science, 14, 623–628.
Uslucan, H.-H. (2001). Handlung und Erkenntnis. Münster: Waxmann.
VDI (1990). Empfehlung des VDI zur Integration fachübegreifender Studieninhalte in des Ingenieurstudium, Düsseldorf: VDI.
VDI (1997). Memorandum des VDI »Zum Wandel des Ingenieurberufs«. Düsseldorf: VDI.
VDI (1998). Thesen zur Weiterentwicklung der Ingenieurausbildung in Deutschland. Düsseldorf: VDI.
VDI (1998a). Technikbewertung in der Lehre. VDI-Report 28. Düsseldorf: VDI.
VDMA (1997). Maschinenbau drängt auf international kompatibles Ingenieursstudium (Bericht über den Zukunftskongreß des VDMA »Der Maschinenbau auf dem Weg ins 3. Jahrtausend«). VDI-Nachrichten Nr. 24. Düsseldorf: VDI.
Wahlsten, D. (1997). The malleability of intelligence is not constrained by her-

itability. In B. Devlin, S. E. Fienberg., K. Roeder (S. 71-87). Intelligence, Genes, and Success: Scientists respond to The Bell Curve. New York: Springer.
Weber, M. (1988/1921). Gesammelte Aufsätze zur Religionssoziologie II. Die Wirtschaftsethik der Weltreligionen (Hinduismus, Buddhismus). Tübingen: J. C. B. Mohr.
Weber, M. (2005/1922). Wirtschaft und Gesellschaft. Frankfurt a. M.: Zweitausendeins.
Weede, E. (2000). Asien und der Westen. Baden-Baden: Nomos.
Weinert, F. E. (2001). Concept of competence. In D. S. Rychen, L. H. Salganik (Hrsg.), Defining and selecting key competencies (S. 45–66). Seattle: Hogrefe & Huber Publishers.
Weinstein, C. S., Mignano, A. J. (2007). Elementary classroom management. Boston: McGraw Hill.
Winship, Ch., Korenman, S. (1997). Does staying in school make you smarter? In B. Devlin, S. E. Fienberg, D. P. Resnick, K. Roeder (Hrsg.), Intelligence, genes and success (S. 215–234). New York: Springer.
Wittgenstein, L. (1984). Über Gewißheit. Werkausgabe, Bd. 8. Frankfurt a. M.: Suhrkamp.
Wittgenstein, L. (1992). Philosophische Untersuchungen (1953). Werkausgabe Bd.1, Frankfurt a. M.: Suhrkamp.
Wober, M. (1984/1974). Zum Verständnis des Kiganda-Intelligenzbegriffs. In T. Schöfthaler, D. Goldschmidt (Hrsg.), Soziale Struktur und Vernunft (S. 226–244). Frankfurt a. M.: Suhrkamp.
Woodley, M. (2010). Is Homo sapiens polytypic? Human taxonomic diversity and its implications. Medical Hypotheses, 74, 195–201.
Wößmann, L. (2001). Schulsystem und Schülerleistung im internationalen Vergleich. Die Weltwirtschaft, 51, 283–304.
Wright, G. H. von (1957). Logical Studies. London-New York: Routledge and Keagan Paul.
Wuttke, J. (2007). Uncertainties and bias in PISA. In S. Th. Hopmann, G. Brinek, M. Retzl (Hrsg.), PISA zufolge PISA – PISA according to PISA (S. 241–263). Wien: LIT.
Zakaria, F. (1994). Culture is destiny. A conversation with Lee Kuan Yew. Foreign Affairs, 73 (2), 109–126.